모야모야가 모야

모야모야가 모야

초판 1쇄 인쇄 2025년 6월 1일
초판 1쇄 발행 2025년 6월 10일

지은이 | 박영
펴낸이 | 박영

펴낸곳 | 신생북스
등 록 | 제2025-000041호
주 소 | 서울특별시 강서구 방화대로45길 6, B 동303호
전 화 | 010-7900-6782
이메일 | ak2412@naver.com

디자인 | 참디자인

ISBN 979-11-992918-1-2 (03230)

* 이 책은 신저작권법에 의하여 국내에서 보호를 받는 저작물입니다.
  출판사의 협의 없는 무단 전재와 무단 복제를 엄격히 금합니다.
* 책값은 뒤표지에 있습니다.
* 잘못된 책은 교환하여 드립니다.

사랑하는 딸과 함께 걷는 특별한 길
그 여정 속에서 발견한 따스한 위로와 감사

모야모야가 모야

박영 지음

신생북스

차례

추천의 글 • 8
들어가는 글 • 11

1장 축복 속에 태어난 아이

기 받고 태어난 아이 • 16
서연이 코는 복코 • 19
언제부터인가 • 22
맨 처음 아빠가 되었을 때 • 26
어디야? 빨리 와! • 30
해물 라면 • 32
버럭 공주 • 35
기다림을 배우기 • 37
즐거운 나의 집 • 40
아이를 응원하며 • 42

2장 어두운 터널 속으로

서연이의 허혈성 경기 시작 • 46
돌고 도네 • 49
번개를 쏘는 아이 • 51
할아버지와 손녀 • 53
축구 경기 • 56
서연이와 기도 • 58

3장 확진과 치료

모야모야 확진 • 62
아니 아니 아니 되옵니다 • 65
쇼핑센터에서 • 68
애비야 애기야 • 70
서연이 어록 • 72
차돌도 변하네 • 74
좋은 일, 나쁜 일, 이상한 일 • 77

4장 치료 속의 은혜

1차 수술 • 80
절망과 소망 사이 • 82
바른 말 논쟁 • 84
썩은 앞 이빨 4개 • 86
BMW에서 벤츠로 • 88
미스터리 베이비 • 90

5장 하나님께 의존하며

2차 수술 • 94
소유냐 존재냐 • 97
집짓기는 예술 • 99
서연이는 흉내쟁이 • 103
사전을 통째로 • 105
의존된 상태 • 107

6장 사랑하며 배우며

서연이의 돌잔치 • **110**
무늬만 예수님 • **112**
야야를 좋아하는 아이 • **114**
시러 조요해 • **116**
서연이가 좋아하는 아뽀뽀 • **118**

7장 소망은 주께 있나이다

모야모야가 모야 • **120**
첫 번째 사랑 • **122**
스티커북 읽어 주기 • **125**
아빠, 엄마 힘내용 • **127**
듣지 못했던 말들 • **130**

나가는 글 • **132**

추천의 글

　생후 1년이 되었을 때 경기를 심하게 하여 병원 응급실로 데리고 갔다. 알고 보니 모야모야병. 뇌로 가는 혈관이 점점 좁아지는 병이다. 이후 두 번에 걸친 뇌혈관 수술. 그렇게 생후 1년 된 저자의 딸이 두 번에 걸친 뇌혈관 수술을 받아야 했다. 이 광경을 지켜보는 아빠에게는 고통이다. 결혼 후 얻은 첫 딸과 행복한 나날을 기대했던 아빠의 꿈이 산산조각이 났다. 하지만 이런 고통 중에 저자는 끝 깨달음을 얻게 된다. 아이가 잘 자라는 모습을 지켜본다는 것이 얼마나 큰 행복인지를 말이다. 이 행복을 알려주는 귀한 책이다. 모두에게 추천하고 싶다.

옥광석 목사 _ 동도교회 담임

　자녀는 하나님이 베풀어주신 최고의 선물이다. 그런데 모두가 이 선물을 누리는 것은 아니다. 자녀라는 선물의 소중함과 가치를 아는 사람만이 누린다.
　박영 목사의 "모야모야가 모야"를 읽으면서 다시 한번 자녀의 소중함을 가슴 깊숙이 누리게 하였다. 그리고 아빠가 된다는 것의 감사를 알게 되었다.

모야모야 병을 앓고 있는 딸 서연이를 향한 아빠의 사랑이다. 한 글 한 글이 가슴을 뜨겁게 하고 감사하게 한다. 박영 목사는 딸의 투병과 양육의 과정을 통하여 하나님의 말씀을 체휼하였다. 말씀이 죽어있지 않고 그의 가슴에 살아있다.

이 책의 모든 부분이 감동이고 감사다. 저자의 고백이 가슴에 박힌다. "서연이 덕분에 항상 누군가가 집에 있다 리듬이 있다. 애정 어린 말과 친절이 있다. 모두에게 웃음과 울음이 있다. 늘 서로에 대한 용서와 치유가 있다. 서연이 때문에 우리 가운데 평안이 있다" 이 아름다운 책을 추천하기에 너무 행복하다.

신동식 목사 _ 빛과소금교회 담임, 기윤실 공동대표

세상에서 가장 귀한 보석보다도 빛나는 아이. 그런 내 아이에게 모야모야병이라는 희귀난치성 질환이 찾아온다면 어떤 마음일까. 감히 떠올리지도 못할 일이다. 이 책은 저자가 이런 인생의 눈폭풍같은 시간을 겪으며 가졌던 간절한 마음과 끝까지 놓지 않았던 믿음을 눈앞에서 보는 것 같은 글로 담아내었다.

수많은 검사와 치료과정, 그리고 때로는 예상치 못한 어려움을 지나며 저자는 가장 사소하고 평범한 움직임이 진짜 경탄의 삶인 것을 가르쳐 주고 있다. 이 책이 아이를 사랑하는 모든 부모들과 또한 같은 어려

움을 겪는 가족들에게 든든한 지지대가 되어줄 것을 확신하며 강력히 추천한다.

김은성 목사 _ 계산교회 담임

한 사람이 세상에 태어나서 세상을 살아간다는 것은 찬란한 일입니다. 특별히 병을 가지고 태어난다는 것은 얼마나 부모의 마음을 애타게 하며 자녀를 사랑하게 만든다는 말입니까! 저자는 한 아이의 아빠로서, 또 한 아내의 남편으로서 삶의 순간순간들을 세밀하게 포착하여 그림 그리듯 그려놓았습니다. 아빠로서의 고뇌. 슬직하고 섬세한 감정. 톡톡 튀는 발상들, 소통 전문가 수준의 전달력, 하나님의 말씀으로 풀어내는 해안과 존재에 대한 잔잔한 사랑이 놀랍기만 합니다. 자녀를 키우며 아픔을 가진 모든 부모들에게 위로를 주는 이 책이 널리 읽히기를 바랍니다.

류길선 목사 _ 총신대학교 신학과 교수

들어가는 글

모야모야가 모야? 수없이 고민했던 말이다.

우리 딸은 상상력이 풍부하고 꿈이 많다. 어젯밤에는 주일에 교회에서 배운 찬양, 율동을 하루 종일 연습하였다. 그리고 꿈에서도 노래를 하는지 잠꼬대로 찬양을 하는 것이다. 번개맨에 꽂히면 하루 종일 만나는 모든 악당에게 번개를 쏜다. 물론 나도 번개를 맞는다. 뽀로로를 좋아했던 때는 뽀로로 장난감을 모으고, 방구대장 뿡뿡이를 좋아할 때는 엉덩이를 흔드는 모습을 흉내 내어 우리에게 재미를 주었다. 저녁 시간에는 꼭 장난감 놀이를 하면서 나에게 먹으라고 장난감 토스트와 음료수 등을 가져온다.

자기 위해 온 식구가 자리에 누우면, 딸은 아빠를 이겨 보겠다고 아빠를 위에서 누른다. 물론 똥집 찌르기 한 번에 자지러지면서 물러난다. 아주 기분이 나쁠 때 빼고는 뽀뽀도 잘한다. 특별히 아빠에게 원하는 게 있을 때는 뽀뽀 열 번도 과감하게 도전한다.

딸을 키워보니까 소소한 재미가 많다.

나도 어렸을 때, 마당에서 대야를 바다로, 종이배를 유람선으로 생각하며 물놀이를 하면 서너 시간이 훌쩍 지나가 있었다. 책을 읽거나 영화를 보면 한없는 상상의 세계로 빠져들곤 했다. 서연이가 나의 이러한 성향을 많이 닮았다.

  나는 아이가 생기면 함께 운동하고 싶었다. 등산도 하고 축구도 하고…….

  이 꿈을 처음에는 못 이룰 줄 알았는데, 이제는 천천히 이룰 수 있을 것 같은 희망이 생겼다.

  서연이가 지금은 모야모야를 이겨내고 건강하게 자라고 있어서 참 감사하다. 그런데 아이가 돌부터 시작되었던 진단과 수술은 3년 정도가 걸렸다. 그리고 이후에도 회복과 발달을 위한 노력은 지금도 계속되고 있다.

  서연이가 처음 입원하고 진단 받고 하는 과정은 너무나 고통스러운 과정이었다. 생소한 병명을 처음 듣고 나서, 수많은 걱정 속에 어떤 병인지 알고자 했던 때가 기억난다. 정말 모야모야는 이름도 생소한 병이다. 그런데 이미 우리 주변에 많은 어린이, 청소년들이 모야모야로 진단 받고 수술대에 오르고 있다. 그때 일들은 너무 힘들어서 다시 기억하기도 싫었지만, 지나고 나서 보니 글로 남기고 싶은 생각이 들었다.

  이 기록이 비슷한 병에 걸려 고민하는 사람들에게 조금이나마 도움이 된다면 좋겠다. 특히 아픈 가족이 있는 분들과 자녀를 어떻게 하면 잘 키울 수 있을까 고민하는 분들에게 작은 위로가 되기를 바란다.

  이 책은 병을 이겨낸 체험과 연약함을 가진 아이를 양육하면서 느낀 점 등을 동시에 기록했다. 서연이와 함께한 시간을 되돌아본다. 이 글을 쓰고 있을 때도 서연이는 자신과 놀아달라고 내 팔을 잡아당긴다. 아프지 않고 힘과 열정이 있으니 너무나 감사한 일이다.

1장

축복 속에 태어난 아이

기 받고 태어난 아이

서연이는 2013년 8월 16일 새벽 1시 30분 생이다. 출산 때 아내가 산통을 거듭하고 있었다. 산통이 4시간 이상 지속되니 나와 장모님은 분만 준비실 옆방에서 열심히 순산 하도록 기도를 하고 있었다.

어떻게 하다 보니 급한 마음에 저녁도 못 먹고 들어가서 아내는 배도 고프고 체력도 다 떨어진 것 같았다. 아이 머리가 어느 정도 나와야 분만실로 들어가는데, 그렇게 되기 위해서 간호사들과 함께 힘을 쓰며 최선을 다하고 있었다.

그런데 아내가 간호사 선생님들을 불렀다.

"선생님들!"
"네"(모두 함께, 2~3명의 간호사들이 있었다.)
"함께… 힘을 모아 기……기……기……."

나는 생각했다.
'역시 목사의 아내라고, 기도해달라고 하겠지?' 이미 나와 장모님은 옆방에서 침대에 팔꿈치를 대고 무릎 꿇고 기도하고 있었다.

잠시 후

"선생님들! 함께… 힘을 모아 기……기……기……기를 불어 넣어 주세요."

기도는 아니고 기를 받고, 아이는 머리를 좀 더 보였고, 그렇게 아내는 분만실로 들어가서 순산했다. 좀 더 기를 일찍 받았다면 8월 15일생 광복 둥이가 될 뻔했는데.
처음 출산에 기가 필요했던 아내는 서연이가 커가면서 기도가 필요한 것을 알았고 지금은 기도를 많이 하고 있다.

아이가 나올 때, 산도를 통과하다보니 얼굴과 머리가 길어 보여서 처음엔 엄마를 닮은 줄 알았다. 그런데 나중에 보니 서연이는 나를 닮은 건강한 딸이었다. '인간이 적신으로 왔다'는 말이 사실임을 확인시켜 주는 붉은색, 쭈글쭈글한 몸, 동글동글한 얼굴! 건강한 딸이었다.
"가로되 내가 모태에서 적신이 나왔사온즉 또한 적신이 그리로 돌아가올찌라 주신 자도 여호와시요 취하신 자도 여호와시오니 여호와의 이름이 찬송을 받으실찌니이다 하고" 욥기 1장 21절 말씀이 생각났다.
그렇게 낳은 딸을 아내는 울먹이며 꼭 안았다. 아이는 엄마의 심장소리를 들어야 안정이 된다고 한다. 엄마도 아이를 낳으며 피를 흘리고, 딸도 붉은 색이라서 혈육이 무엇을 의미하는지 직접 보게 되었다.
부모와 자녀는 멀어질 수 있다. 서로에게 화가 날 때도 있다. 그러나 그 관계는 끊어질 수 없다. 혈육으로 맺어졌기 때문이다.

서연이 이름 짓기는 무조건 예쁜 이름 짓는 것을 목표로 했다. 예전에 들은 얘기인데 어느 초등학교 선생님이 딸을 낳았을 때, 출석부들을 뒤적이며 예쁜 이름을 찾아서 딸의 이름을 지었다는 얘기였다. 그래서 나도 인터넷에서 예쁜 이름을 여러 번 검색했다. 그중에서 박서연이라고 이름을 지었다. 곱고 예쁘게 자라라는 뜻이었다.

딸의 이름에 담긴 뜻은 아빠 자신의 바람이어서 더욱 의미가 있다. 또한 이제 한 아이의 아빠라는 의무가 주어진 시점에 새롭게 출발하는 아빠의 인생에 대한 다짐이기도 했다.

아직 알아들을 리 없지만 조용히 불러보았다. "서연아, 서연아!" 옆에 누워 있는 엄마의 미소 때문인지 평화가 가득한 밤이 되었다. 그리고 기도했다. 서연이의 삶이 평화의 삶으로 인도해 주시기를. 무엇보다도 하나님을 잘 붙드는 아이가 되기를 기도했다.

서연이 코는 복코

서연이가 6개월 되었을 때 교회에 데리고 갔더니 내가 가르치던 중3 여학생이 내 딸을 보고 싶다며 오더니 딸을 보았다. 큰 소리로 외쳤다.

"코가 너무 작아!"

하하하. 맞다. 서연이는 나를 닮아서 코가 작고 뼈대가 낮은 편이다. 하루는 아내가 서연이 코뼈를 높여 준다고 만지작거리자, 장모님이 서연이를 자기 품에 안으시며 말씀하셨다.

"만지지 마! 이 코가 복 코야." 말씀하셨다. 이어서 서연이를 "박판사. 박판사."부르시며 공부 잘하라는 소원을 얘기하셨다.

하나님이 이 네 소년에게 학문을 주시고 모든 서적을 깨닫게 하시고 지혜를 주셨으니 다니엘은 또 모든 환상과 꿈을 깨달아 알더라
(단1:27)

여러 해 전 영국의 어느 학교에서 이런 실험을 했다고 한다. 같은 연

령의 학생들이 두 학급 있는데, 학년 말에 반 편성을 위한 시험을 실시했다. 시험 결과는 공개하지 않고 교장과 심리학자들만 아는 상태에서 반편성을 했다. 반 편성은 성적이 높은 학생들과 낮은 학생들이 고르게 섞여 두 반으로 나눈 것이다. 선생님들도 동등한 실력과 경험을 가진 사람으로 선정했다. 교실과 시설도 비슷하게 갖추었다. 단 한 가지만 예외였는데 한 학급은 A등급 반, 다른 학급은 B등급 반으로 명칭을 정한 것이다. 그러나 모두의 마음속에 A등급 반 학생들이 똑똑하고 B등급 반은 그렇지 않다는 인식이 심어졌다. A등급 반에 속한 자녀를 둔 부모들은 칭찬을 아끼지 않았다. 반면 B등급 반에 속한 자녀의 부모들은 아이들을 꾸짖고 아이들이 누릴 수 있는 몇가지 특권을 빼앗기까지 했다. 교사들도 B등급 반 학생들에게 사뭇 다른 태도로 대했으며 별다른 기대를 하지 않았다. 1년 내내 그런 식으로 실제와는 다른 환상이 계속되었다. 그러다가 학년말 시험을 치르게 되었다. 결과는 무서울 정도였다. A등급 반 학생들은 B등급 반 학생들보다 시험을 압도적으로 잘 보았다. 마치 전년도에 성적순으로 절반을 나눈 것처럼 진짜 그렇게 되었다. B등급 반 학생들은 이름 그대로 'B등급 아이들'로 전락했다고 한다. 1년 동안 아이들은 그렇게 불렸고 취급 받았으며 스스로 그렇게 믿게 되었다고 한다. 나는 가능하면 서연이를 칭찬해주려고 한다. 최고라고 자주 얘기해 준다.

　수영로 교회 고(故) 정필도 목사님은 수시로 말씀하셨다. 사람은 대해주는 대로 변한다고. 위대한 인물처럼 대하면 그렇게 되고, 최고라고 칭찬하고 믿으면 점점 더 그렇게 변한다고 자주 얘기하셨다.

　한 아이가 슈퍼마켓 계산대에서 우유 통을 떨어뜨려 바닥 가득 우유가 엎질러졌다. 아이의 엄마가 소리쳤다.

"이 바보 녀석아!"

바로 옆 계산대에서도 다른 아이가 꿀 병을 떨어뜨렸다. 꿀이 바닥에 흥건하게 쏟아졌다. 아이의 엄마가 말했다.

"넌 바보 같은 행동을 했구나."

첫 번째 아이는 바보로 분류되었다. 두 번째 아이는 잘못된 행동을 지적 받았을 뿐이다. 결과적으로 첫 번째 아이는 머지않아 정말로 바보가 될 것이고, 두 번째 아이는 바보짓을 중단하는 법을 배우는 아이가 될 것이다.

그래서 아이를 혼낼 때 잘못된 것을 얘기하고 인격에 손상을 주지 말아야 하겠다. 그리고 박 판사라고 계속 불러 주며 믿어주어야 겠다.

히브리서 11:1에 보면 "믿음은 바라는 것들의 실상이요 보이지 않는 것들의 증거니"라고 말씀한다. 믿음은 신앙의 힘이고 하나님이 주시는 은혜이다. 하나님이 주시는 믿음을 가질 때 우리는 자녀에 대해서도 흔들리지 않는 믿음을 줄 수 있는 것이다.

언제부터인가

지난 십여 년 사이 어느 시점부터일까? 아마도 밀레니엄 시대부터인 것 같다. 한국 남성들은 한국 여성들과 협상 테이블에 마주 앉았지만, 솔직히 다 빼앗기고 빈손으로 일어섰다. 남성들이 서명한 계약서에는 아빠로서 온갖 책임이 들어갔다. 그러나 대가로 기대했던 혜택은 아무 것도 없었다. 이제 아내들의 헌신적인 사랑을 기대하기 힘들다. 아빠의 서열은 엄마, 딸, 메리(애완용 개), 그리고 아빠라는 얘기들이 있다.

이제 아내들은 남편을 신뢰할 수 있는 직원으로 생각할 만큼 힘을 얻었다. 자식들의 특별한 사랑도 기대할 수 없다. 밥을 먹이고 기저귀를 갈아주고 엉덩이를 닦아주어도 궁하면 엄마를 찾는다.

사회의 존중조차 기대하기 어렵다. 사회는 남자들에게 여자들과의 협상에 합의할 것을 종용했다. 그래야 인격자고 좋은 남편이라고 불렀다. 유모차를 밀고 있는 남자에게 여자는 미소를 보이겠지. 그러나 그 미소에는 전투 한번 해보지 못하고 투항한 적군에 대한 우월감이 숨겨져 있다. 남자들은 그저 수치심에 얼굴을 돌린다. 한국의 아빠들은 자신들이 베를린 장벽 붕괴 이후 고르바초프와 비슷하다고 생각한다. 원칙을 지키고 냉전의 장벽을 무너뜨리는 고귀한 행동을 했지만, 새로운 권

력자의 부담에 짓눌려 제대로 말도 못하고 어눌해지는 모습이라는 것이다. 나는 어렸을 때 텔레비전에서 고르바초프가 옐친 대통령에게 면박 먹는 것을 본적 있다. 남자들은 때로 자신을 바라보며 얘기한다.

'아, 불쌍한 양반아.'

어느 날 밤 혼자 아이를 보고 있었다. 서연이가 박스 안에서 놀다가 옆으로 넘어져 얼굴에 제법 큰 생채기가 생겼다. 가정생활 지침서를 보면 아이에게 뭔가 잘못된 점이 아내를 큰 소리로 부른 뒤 아내 곁에서 대기하며 후속 지시를 기다려야 한다고 명시되어 있다. 말한 바와 같이 한국의 아빠들은 후보 선수에 불과하다. 주전 선수인 아내를 찾아야 한다. 그러나 주전은 공연 중이라 집에 없을 뿐만 아니라 전화도 되지 않는다. 처음으로 아이는 오직 나만이 줄 수 있는 간절한 도움의 손길을 기다리고 있었다. 이제 나도 충분한 선수라는 것을 증명할 수 있겠군.

아픈 아이와 아픈 개를 치료하는 방법은 비슷하다. 아기는 어디가 아픈지 말을 하지 못하기 때문이다. 나는 능숙하게 소독을 하고, 연고를 바르고, 뽀로로 밴드로 마무리를 했다.

이 후 아내가 집으로 돌아왔다. 있었던 일을 전부 말했더니 아내는 나처럼 눈물을 글썽 거렸다. 아내가 감동했다고 생각했다. 벤치 구석에 있다가 경기 종료를 불과 몇 초 남기지 않은 상황에서 경기에 투입되어 마지막 슛을 쏘라는 지시를 받은 셈이다. 내 슛은 링을 갈랐다.

나는 커튼콜 같은 반응이 있을 거라 확신하며 기다렸다. 그러나 정적만이 흘렀다. 아내는 싱크대로 걸어가 더러운 접시를 소리 나게 놓았다. 만약 아내가 짜증이 났다면 그것은 나 때문일 것이다.

"왜 화가 났어?" 나는 물었다.

"선반 위에 소독약은 유통 기한이 3년이나 지났고, 연고 통에 들어 있는 것은 내가 넣 놓은 각질 제거 크림이야."

비디오 판독 결과 내가 쏜 3점 슛은 무효가 되었고, 팀은 패배했으며, 벤치로 밀려났다.

"내일 병원에 가봐야 겠어."

아내는 그렇게 말한 뒤 아이를 안고 남편이 따라오는 게 싫을 때 갈 만 한 곳으로 나가버렸다. 여자의 언어는 암호화 되어 있고, 눈빛은 명령 문서로 해석된다. 아내가 남편에게 "아이를 병원에 데려가고 싶어"라고 말하면 실제로는 "우리 모두 병원에 갈 거야."라는 뜻이고, "뭐 타고 가지?"라고 말하면 "빨리 시동 걸어놔."라는 뜻이다. 오른쪽 눈을 치켜뜨면 '단 한마디 불평이라도 중얼거린다면, 사랑 받을 능력이 없다는 것으로 간주하겠어.'라는 뜻이다. 엄마의 자식 사랑은 대적할 수 없는 자연의 힘 가운데 하나이다.

우리는 차를 타고 병원으로 갔다. 치료를 잘 받았고, 덧나지 않을 거라는 의사의 말을 들었다. 집으로 돌아오는 차 안에서 우리 가족은 기분이 좋았다. 아이는 상처가 곧 아물 것이다. 엄마에게 착 달라붙어 있다. 나는 무능함을 만천하에 드러냈지만, 자연계의 질서는 복구되었다.

에베소서 5:28 에서는 "이와 같이 남편들도 자기 아내 사랑하기를 자기 자신과 같이 할지니 자기 아내를 사랑하는 자는 자기를 사랑하는 것이라." 라고 말씀한다.

또한, 에베소서 5:25에서 "남편들아 아내 사랑하기를 그리스도께서 교회를 사랑하시고 그 교회를 위하여 자신을 주심 같이 하라."라고 말씀한다.

나는 성경 말씀을 지키기 위해 노력한다. 그것이 우리를 축복하시는 길이고 우리가 주님의 보호하심 안에 거하는 길이기에. 아내 사랑도 바로 그 길이다.

맨 처음 아빠가 되었을 때

　맨 처음 아빠가 되었을 때 가장 놀랐던 점은 내 아이에 대해 기대했던 감정을 느끼기까지 오랜 시간이 걸렸다는 것이다. 엄마 배 속에서 나온 딸을 껴안았을 때 다정함과 약간의 애정을 표현할 수 있었다. 그러나 이후 족히 6주 동안 내가 이끌어낼 수 있는 최선의 감정은 기쁨을 가장한 무심함이었다. 최악의 감정은 미움이었다. 품 안에서 심하게 울며 보채는 딸을 안고 위로 던졌다 받았다 했다. 모성애가 선천적인 것이라면 부성애는 후천적 학습으로 습득된다.

　어쨌거나 내가 경험해본 바에 따르면 아빠 노릇의 핵심 미스터리는 바로 이것이다. '나의 삶에 착륙해서 곧장 모든 걸 엉망으로 만들어버린 것 같은 이 존재를 어떻게 사랑할 것인가?'

　서연이가 태어난 지 한 달 되었을 때 나는 딸이 트럭에 치이는 사고를 당했다면 상투적인 수준의 슬픔 밖에 느끼지 못할 거라고 생각했었다. 대부분 나처럼 미숙했던 아빠들의 공통적인 생각일 것이다. 그런데 6개월 쯤 지났을 때는 서연이를 구하기 위해 트럭 앞에 내 몸을 던지겠다고 생각했다. 무슨 일이 일어난 걸까? 무엇이 나를 철부지에서 아빠로 바꾼 것일까?

첫째는, 아내의 적극적인 홍보이다. 처음에 나는 아이에 대해 거의 아무 것도 알아채지 못했다. 혼자서 알아볼 수 있는 것이라고는 색깔도 이상하고 닦아줘야 하는 분비물을 많이 낸다는 것 정도이다. 하지만 아기에게는 그와는 전혀 다른 사랑스러운 점도 있고, 아내는 그런 점을 하나하나 다 알아보고 정말 열심히 나한테 설명하는 바람에 얼었던 내 마음이 녹을 정도였다. 지혜로운 여인은 보석보다 낫다.

둘째는, 생후 5주 된 아기는 의사소통을 하지는 못하지만 흉내 내는 재능이 있다는 것이다. 아기를 향해 소리를 지르거나 노래를 불러줄 수 있지만 돌아오는 것은 속내를 알 수 없는 눈빛뿐이다. 그러나 얼굴을 아주 바짝 들이대고 일그러뜨려서 괴상한 표정을 지으면 따라하려고 했다. 혀를 비쭉 내밀면 같이 혀를 내밀고, 입을 크게 벌리면 다라서 입을 크게 벌린다. 서연이와 얼굴 표정 놀이를 하면 할수록 더 딸이 좋아졌다.

셋째는, 1시간 반 마다 깨서 울다가 2시간 마다 깨서 우는 수준으로 성장하더라는 것이다. 혹자는 이것도 견딜 수 없다고 하지만, 내 입장에서는 엄청난 발전처럼 보였다. 아직까지 '훌륭한 시민상'은 받지 못하지만, 내심 '기량발전 상'을 주고 싶었다.

넷째는, 하나님께서 조금씩 이지만 점점 더 좋은 아빠가 되도록 인도해 주셨다는 것이다. 근본적으로 이기적인 마음을 자녀 사랑을 통해서 이타적인 마음으로 가꾸어 주신 것이다. 이를 통해 하나님의 자녀가 되는 방법도 함께 알아갔다. 철부지 같은 나를 계속해서 사랑해 주시는 하나님의 은혜에 감사하게 된 것이다.

'아빠 학원' 찾는 2030 아빠들

(2016.03.23. 조선일보 기사)

　5월에 아빠가 되는 회사원 전모(28)씨는 지난 주말부터 지역 사회단체에서 운영하는 '아버지 학교'에 다니고 있다. 일주일에 한 번 바람직한 아버지 역할에 대해 강의를 듣고, 다른 '선배 아빠'들과 밥도 먹고 토론도 하는 프로그램이다. 수강료는 식사비를 포함해 한 달 12만원이다. 전씨는 "이제 남편도 아내와 육아를 분담해야 하는 시대인데, '좋은 아빠'가 뭔지 잘 몰라서 전문가에게 교육을 받고 싶었다."고 말했다.

　맞벌이가 늘어 가정에서 '남자들이 할 일'도 많아지면서 20~30대 남성들 사이에서 '좋은 아빠 강의'가 인기를 끌고 있다. 매년 10회 정도 아버지 교육 프로그램을 열고 있는 수원시 건강가정지원센터 관계자는 "프로그램당 정원은 10여 명인데 사전 상담을 기다리는 예비 아버지만 100명을 넘었다"며 "상담을 원하는 대부분이 20~30대 젊은 아빠들"이라고 말했다. 두란노 아버지학교 경기 구리시 지부 관계자도 "'아버지 학교' 정원 40명이 일주일 전 꽉 찼다. 지난해에 비해 하루 접수 문의가 2배 이상 늘었다"라고 했다.

　프로그램에 참여하는 아빠들은 "연초부터 이어지고 있는 아동 학대 사건도 아버지의 역할을 다시 고민하게 된 원인"이라고 했다. 작년 말 인천에서 '몸무게 16kg 소녀 맨발 탈출 사건'이 발생한 이후 교육 당국은 장기 결석·미취학 아동에 대해 전수(全數) 조사를 벌였다. 이후 석 달 만에 5건의 아동 학대 사망 사건이 드러났다.

　당장 출산 계획이 없는 신혼부부들의 참여도 두드러진다. 서울 서빙

고동 한 교회에서 운영하는 '젊은 부부학교' 관계자는 "4~5년 전까지만 해도 아내에게 이끌려 억지로 따라온 남편이 전체의 90%였지만, 올해 신청한 40여쌍의 3분의 1은 남편이 자발적으로 신청한 케이스"라며 "특히 이들 중 절반은 아직 아이가 없는 가정이었다."고 말했다.

아빠들끼리 온라인으로 육아 정보를 주고받는 일도 흔해졌다. 서울 동대문구에 사는 이모(35)씨는 '아이에게 하루에 3번씩 30분 정도 스킨십을 해준다.' '아이가 아플 때 혼자서 응급처치를 할 수 있다' 등 15개 문항으로 구성된 '좋은 아빠 테스트'를 주변 아빠들에게 수시로 보내준다.

누구나 부모 노릇은 생애 최초의 경험이다. 누구나 자라면서 자신의 부모를 원망이나 해보았지 막상 자신이 부모가 될 것을 준비하는 경우는 별로 없다. 그런데 요즘 젊은 아빠들은 학원이라도 등록해서 배우고자 한다는 위의 기사를 보았다. 나도 더 열심히 배워야 겠다. 육아도 결혼만큼 배워야 하는 일이고 주님이 주신 힘으로 분투해야 하는 일임을 알았다. 그래서 두란노 아버지 학교에 등록했다. 성령의 능력을 힘입는 가장이 되고 싶었다.

좋은 것으로 네 소원을 만족하게 하사 네 청춘을 독수리 같이 새롭게 하시는도다(시편 103:5)

"내게 능력 주시는 자 안에서 내가 모든 것을 할 수 있느니라." 빌립보서 4:13의 말씀으로 내 자신에게 용기를 주면서, 사랑이란 나무에 수고와 땀을 주면서 기쁘게 이 길을 가야겠다.

어디야? 빨리 와!

딸이 요새는 내게 자주 말한다.

"아빠, 어디야? 빨리 와!"

내가 조금 늦게 들어가는 것 같으면 영상 통화를 하며 따지듯이 말한다.

"아빠, 어디야? 빨리 와!"

서연이에게 이런 전화를 받으면 황당하면서도 기쁘다.

"어. 일하고 있어. 있다가 갈게."
"아빠, 어디야? 빨리 와!"

똑같은 말을 크게 반복한다(나중에 알고 보니 아내가 시킨 거였다). 그러면 내가 할 수 없이 대답한다.

"알았어. 금방 갈게."

딸이 이렇게 얘기하고 나를 소리쳐 부를 수 있다는 것이 정말 기쁘다. 하루는 이런 생각을 해보았다.

하나님도 우리가 죄 가운데 있을 때 우리를 큰 소리로 부르신다.

"빨리 돌아오너라. 거기는 네가 있을 곳이 아니다!"

우리는 하나님을 떠나 있으면 행복하리라고 생각할 때가 있다. 그러나 그렇지 않다. 죄 가운데 방황하는 것은 고통의 연속이다. 하나님이 우리를 부르시면 빨리 하나님께 돌아가야 한다. 가정은 여러 가지 유혹을 이길 수 있도록 하나님이 주신 축복의 경계다.

탕자도 방황할 때 고통 가운데서 돼지 먹이를 먹으며 아버지에게로 돌아가기를 결심했다. 돈을 받아서 나가본 외국 생활과 소비 생활은 비참한 결과를 가지고 왔다.

내 몸을 즐겁게 하는 것은 때론 죄악이다. 지금은 죄악이 아니어도 죄악으로 갈 가능성이 많다. 그 때 마다 하나님의 부르심에 민감해야 한다.

서연이의 재촉 전화를 받으면 때로 눈물이 난다.

'서연아, 아빠를 좋아해 주니 고맙구나. 건강하게 만 커다오! 다른 것은 아무래도 좋아. 공부를 못해도, 못생겨도, 특별한 재능이 없어도.

아빠의 딸로 태어나 줘서 고맙고. 감사하다. 그냥 건강하게만 커다오.'

해물 라면

오래전 그 날도 아내 공연이 있어서 내가 혼자 서연이를 보며 저녁 식사를 준비하고 있었다. 나는 라면을 잘 끓인다. 면을 퍼지지 않게 잘 끓이기 위해 모든 감각과 초능력을 동원한다. 나는 그 때 백종원에 빙의되어 있었다.

'오늘은 불의 세기와 삶는 시간만으로 최상의 면발을 만들어 보겠어.'

면발 하나를 건져 씹어보며 1분 단위로 익힘 정도를 점검했다.

'좋아, 지금이야. 3초 뒤에 불을 끄는 거야! 하나, 두울……'

셋을 세려는 순간, 기특하게도 무려 10분가량 혼자 놀고 있던 서연이가 소리를 질렀다.

"아빠. 응가!"

다급하고도 불길한 외침이었다.

'아, 뭐야' 하면서 돌아보았더니, 서연이가 똥을 싸고 기저귀에 자신의 손을 넣으려고 하고 있었다.

"아악, 안 돼! 만지지마, 만지지마! 서연아 이리 온."

이 때 요란하게 핸드폰 벨소리가 울렸다. 분당에서 사역하고 있는 친구 목사였다. 오랜만에 만나기로 한 약속을 잡으려는 것이었다. 얼른 월요일에 만날 약속을 잡고 전화를 끊었다.

그리고 미리 배운 데로 서연이를 눕히고 기저귀를 빼고 똥을 닦아 주었다. 아 지독한 똥 냄새 적응이 잘 되지 않았다.

대학원 때 호스피스 사역 강의를 1학기 들은 적이 있는데, 환자들의 기저귀를 갈아줄 때는 오바이트를 막기 위해서, 입으로 숨을 쉬어야 한다고 했었다. 나도 서연이 응가 앞에서 시도해 보았지만 잘 되지 않았고, 처음 똥을 갈아줄 때의 그 냄새는 코에 박혀서 다시는 없어지지 않을 것 같은 냄새였다. 지독한 기저귀 똥을 변기에 내리고 기저귀는 봉투에 넣어 꽁꽁 쌌다. 어떻게든 냄새를 없애고 싶었다.

그러던 찰나, 아뿔싸! 내 해물라면은 거의 물이 증발한 상태로 신나게 끓고 있었다. 유명 배우 OOO이 나와서 꼭 먹고 싶었던 바로 그 국물, 그 해물라면은 응가지변으로 곤죽이 되어있었다.

하나님도 이렇게 속 썩이는 아이 같은 우리를 사랑으로 보듬어 주셨다. 이런 일들을 하나씩 겪어 나가다 보면 하나님의 사랑에 대해 다시 한 번 감격하게 된다. 나는 하나님의 마음을 얼마나 많이 슬프게 했던가! 하나님 자녀처럼 살지 못하고 마음대로 살았던가! 하나님의 사랑을 생각하면 딸의 응가지변 정도는 일도 아니다.

> 실로 내가 내 영혼으로 고요하고 평온하게 하기를 젖 뗀 아이가 그의 어머니 품에 있음 같게 하였나니 내 영혼이 젖 뗀 아이와 같도다(시편 131:2).

버럭 공주

서연이가 예전에 어린이 집에 가더니 언어가 많이 늘었었다. 자기 마음에 들지 않으면 허리춤에 손을 짚고 눈을 흘겨보며 외친다.

"야!"

어휘가 딸릴 땐,

"야! 왜마우니? 니가랑또나도래!"

정확히 알아듣지는 못해도 아빠를 혼내는 소리 같다.
내가 장난을 걸면,

"모야?!"

이렇게 외친다.
이외에도

"아니" "시어!" "네" "아빠야. 노자!"

정확하진 않아도 대화가 이루어진다.

서연아 버럭 딸도 좋으니까 아프지 말고 힘 있게 살아가자. 평생 그렇게 너의 하인이 되고 혼나도 좋으니까 아프지 말자. 오늘도 너의 건강을 위해 간절히 기도한다.

이르시되 너희가 너희 하나님 나 여호와의 말을 들어 순종하고 내가 보기에 의를 행하며 내 계명에 귀를 기울이며 내 모든 규례를 지키면 내가 애굽 사람에게 내린 모든 질병 중 하나도 너희에게 내리지 아니하리니 나는 너희를 치료하는 여호와임이라(출애굽기 15:26)

기다림을 배우기

'인공지능 전문가인 문석현 박사는 아이에게 돈보다는 시간의 중요성, 시간을 대하는 태도를 가르칠 것을 권했다. 문 소장은 "미래 시대에 각광받는 산업은 크게 다른 사람의 시간을 절약할 수 있는 서비스이거나 남는 시간에 그 시간을 즐겁게 보낼 수 있도록 만들어주는 서비스 두 종류가 될 것"이라고 말했다.'고 한다.

집에서 자주 설거지를 하는 편인데, 아내는 성격이 급한 편이라서 내가 시간을 끌면 그냥 본인이 해버린다. 나를 기다려주지 못하는 것이다. 기다려주면 잘 할 수 있을 텐데.

교회에서 일하면서 기다리는 법을 많이 배웠다. 특별히 청소년들을 지도하려면 기다리는 법을 배워야 한다. 빨리 성장하라고 서두르거나 미흡한 부분을 바로 지적하거나 하면 관계는 멀어지고 가르칠 기회는 사라진다. 아이들은 모두 자신만의 성장 패턴이 있는 것이다.

예전에 교육 전문가가 상담을 하는 것을 본적이 있다. 어떤 학부모가 물어봤다. 중학교에 올라가는 딸을 위해 무엇을 해야 하는지. "아무것도 하지 마세요. 라고 대답하는 것을 들었다. 사춘기 자녀에겐 억지로 뭘 시키면 역효과가 난다나? 자녀를 믿고 기다려 주라고, 묵묵히 기다리면 아이가 제 갈 길을 찾아간다고.

　잘 기다리려면 어떻게 해야 할까? 내가 바빠야 한다. 멍하니 남이 하는 일 보면서 기다리면 자꾸 참견하게 된다. 그 시간에 책을 보고, 글도 쓴다. 부모가 아이만 지켜보고 있으면 성장이 느린 것처럼 느껴진다. 아이에게 책을 읽으라고 하는 대신 내가 그냥 읽는다. 책이 그렇게 좋다면, 내가 읽으면 되지. 책 읽으라고 채근하는 대신, 그 좋은 책, 내가 읽으려고 한다.

　서연이는 무남독녀이다. 나이 서른아홉 얻은 딸인데, 하나라 잘은 모르지만 친구들 얘기를 들어보면 알 수 있다. '아빠, 놀아줘. 안아줘. 책 읽어줘.' 하고 보채는 시간은 의외로 짧다는 걸. '언제 다 키워.'하고 캄캄해도 시간은 금세 지나간다. 그리고 아이는 훌쩍 부모의 품을 떠날 것이다. 아이가 놀아달라고 할 때 놀아주고, 책 읽어달라고 할 때, 읽어주는 게 최고다.

　아이에게 시간의 소중함을 가르치려면 무엇을 해야 할까? 아이에게 시간을 줘야 한다. 아이의 변화를 기다려줄 수 있어야 한다. '어떤 일을 할 때, 나는 가장 즐거울까?' 그것을 찾는 것이 공부다. 아이에게 권하고 싶은 활동이 있다면, 내가 먼저 즐겨 보는 것이다. 독서든, 운동이든, 여행이든, 즐겁고 행복한 부모의 모습을 아이에게 보여주는 것, 세상에 재미난 일이 얼마나 많은지 아이에게 보여주는 것, 이게 최고가 아닐까?

　기쁨과 소망은 그리스도인들의 특권이다. 초조해하지 말고 아이와 함께 기쁨을 누리자.

기쁨으로 여호와를 섬기며 노래하면서 그의 앞에 나아갈지어다(시편 100:2)

주 안에서 항상 기뻐하라 내가 다시 말하노니 기뻐하라(빌립보서 4:4)

즐거운 나의 집

　1년 정도의 연애 기간을 보내고 결혼에 골인했다. 결혼을 하게 되면 무조건 행복할 줄 알았다. 사랑이 더 깊어지리라고 생각했다. 가정이라는 울타리 속은 따뜻한 행복만 가득할 줄 알았다. 그런데 막상 결혼해 보니 아니었다. 오히려 싸움이 많아졌다.

　서로가 지독히 다르고 기대가 다르다는 것을 알게 되었다. 아내는 옷을 뒤집어 벗고 나는 바르게 벗는다. 이런 작은 일도 모두 싸움꺼리였다. 서로 자란 환경이 다르다는 것과 기본적인 성격이 달랐다. 그나마 최선의 노력을 기울일 때 싸우지 않는 상태가 유지되었다. 그래서 처음에는 싸우지 않기 위해 노력했다. 평화를 지키기 위해서라도 조금씩 상대방에게 맞추며 대화할 수 있게 되었다. 이렇게 천천히 부부 관계도 배워갔다. 주님이 주시는 힘과 지혜의 도움이 컸다.

　그런데 결혼 후 6개월 쯤 서연이를 임신했다. 딸이 태어나면 무조건 건강하게 잘 자랄 줄 알았다. 영화나 드라마에서 보듯이 아이는 건강하고 가정은 더 행복할 줄 알았다. 퇴근해서 들어오면 아이가 달려와 뽀뽀해 주는 그런 상상을 했다.

　그런데 아니었다. 아이 한명이 태어나서 자라는 것은 쉬운 일이 아니었다. 아이 돌보는 문제로 갈등이 심해질 때도 있었다. 엄마와 아이는 이미 하나가 되어 있는데, 나는 이방인처럼 동떨어져 있다는 생각을 한 적도 많다. 결정적으로 서연이가 모야모야 진단을 받고 치료를 시작하면서 매우 힘들어졌다. 그래서 다시 한 번 주님의 도우심을 간구하며 노력했다. 좋은 아빠가 되려면 어떻게 해야 하는가? 질문하며 노력을 거듭하고 있다. 내 안의 마음은 언제나 나만 편하기를 간구했기에 주님이 주시는 마음이 필요했다. 나의 본성을 이기고 이타적이고 희생적인 사랑이 필요했다. 열심히 배우고 있다. 아버지 학교에도 등록했다. 카프카가 말했듯이 배우지 않으면 '자신이 겪은 대로만 자식을 다룰 줄 아는' 아버지가 될 수밖에 없기 때문이다.

또 아비들아 너희 자녀를 노엽게 하지 말고 오직 주의 교훈과 훈계로 양육하라(에베소서 6:4) 주님이 주시는 마음과 지혜가 최고의 양육 지침이다.

그래서 나는 남편 됨과 아빠 됨을 배우기로 했다. 주님의 힘을 간구하기로 했다.

아이를 응원하며

나의 아버지는 나를 많이 응원해 주시지 않으셨다. 자수성가하신 아버지가 보실 때 나는 많이 연약해 보였나 보다. 그리고 아버지 세대 분들은 자녀에게 따뜻한 표현을 많이 하지 않기도 하셨다.

그러나 나는 우리 딸을 열렬히 응원하는 사람이 되기를 원한다.

축구 경기를 보면 관중석에 팬과 훌리건이 있다. 외국 축구 경기에서 훌리건이 하는 행동들을 본적이 있다. 운동장에 난입하여 상대편 선수를 때리고 병을 운동장에 던지고 경기를 못하도록 옷을 벗고 운동장에 난입하기도 한다. 선수들을 괴롭히고 경기를 파괴하는 치명적인 못된 짓이다. 그러나 그들은 그 사실을 잘 모르는 것 같다.

가끔 어떤 부모들은 자녀의 삶에 훌리건처럼 끼어들어서 지나친 애정을 표현하는 일들이 있다. 자녀의 삶이라는 운동장에 들어와서 다른 팀 선수들을 욕하고 운동장의 잔디를 뒤집고 심판을 때려서 쫓아버리기도 한다. 그러나 진정 자녀를 사랑하는 부모라면 그냥 팬이 되어야 할 것이다. 사랑을 표현하고 선수가 잘 뛰지 못하더라도, 그 팀이 경기에서 지더라도 끝까지 응원을 하는 것이다. 선수인 자녀가 어떤 필드에서 어떤 역할을 하던 그것을 최선으로 응원하는 것이다.

우리는 자주 자녀의 팬이 되기보다 코치가 된다는 미명하에 사실은 훌리건이 되고 있다. 훌리건이 하는 일은 결과적으로 선수를 망치고 두렵게 하여 경기 자체를 포기하게 만든다.

"너 내가 어떻게 키웠는지 알지? 실망시키면 안 돼? 넌 그것 밖에 안 되니? 정신이 엉망이여서 그래. 남들 봐라. 너는 뭐니!"

어떤 작가는 그의 책에서 열네 살이 되었을 무렵 아버지가 자신을 불러 삶을 바꾸어 놓은 말씀을 하셨다고 고백하고 있다.

"아들아, 네가 삶에서 무엇을 하며 살아가든 이 한가지만은 잊지 마라. 내 집의 문은 너에게 언제나 열려 있을 것이다."

작가는 이 말이 아버지의 무조건적인 사랑을 제시한 것이라고 말하고 있다.

'네가 똑똑하면 나와 세상의 사랑을 받을 것이다. 네가 좋은 대학에 가고 성공하면 세상이 너를 존중할 것이다. 너는 내 말을 잘 들으면 그 길을 갈 수 있을 것이다.' 이런 말이 아니었던 것이다.

우리 자녀는 나의 딸인 것으로 사랑 받기에 충분한 것이다. 존재한다는 것만으로 사랑 받을 가치가 있는 것이다. 나는 아버지가 되고 아이는 딸이 되었기 때문이다.

나는 아이를 응원하는 팬이 되고 싶다.

아이가 어떤 삶을 살던 그 삶을 응원하고 싶다. 결과에 상관없이 격려하고 싶다. 인생이라는 경기를 치루며 순간순간을 살아가는 모습 자체를 열띠게 응원하고 싶다. 이것이 하나님이 우리를 사랑하신 바로 그 모습이 아닌가?

2장

어두운 터널 속으로

서연이의 허혈성 경기 시작

　서연이가 태어난 지 1년이 다되어 가는 때였다.
　그 날은 더운 여름 이었고, 나는 중등부 수련회를 다녀와서 몸이 참 피곤한 상태였다. 이제 집에 가서 좀 자고, 수요 예배를 가야하는 상황이었는데, 장모님으로부터 다급한 목소리의 전화를 받았다.
　서연이가 경기를 해서 삼성 서울 병원 응급실에 입원했다는 것이었다. 나는 차를 운전하여 응급실로 달려갔다. 삼성 서울 병원은 어린이 응급실이 따로 있었다. 1인용 침대에 서연이가 누워 있는데, 아내와 장모님이 아주 걱정스러운 얼굴을 하고 계셨다.
　나는 어떻게 된 거냐고 물었고, 아이가 경기를 심하게 해서 응급실로 왔다고 했다. 의사는 다시 경기를 할 때 동영상을 찍어 놓으라고 했다. 어느 정도 기다리고 있는데, 서연이의 눈이 위로 뒤집히면서 흰자만 보이더니 왼쪽 팔을 심하게 떨면서 온 몸이 전기에 감전된 듯이 떠는 것이었다. 아내는 깜짝 놀라 아이를 붙잡고 흔들었고, 장모님은 의사를 부르러 뛰어갔다. 나는 이게 뭔가 싶어 그 자리에서 꼼짝을 할 수가 없었다.

나중에 알고 보니 서연이의 뇌 속에서 무슨 이상으로 인해 전기에 감전된 것처럼 몸이 떨리고 정신을 잃었던 것이다.

각종 검사가 시작되었다. 뇌 CT, 뇌 MRI, 피 검사, 소변 검사 등. 딸이 어리니 울고 난리를 쳐서 혈관 잡기도 얼마나 힘들던지, 담당 선생님이 3번씩 바뀌어 가면서 간신히 혈관을 잡을 수 있었다. 요로 감염인지 알기 위해, 요도에 관을 넣는 것은 아예 불가능해서 오줌을 받기 위해 아이 앞에서 기다려야 했다. 서연이는 마취 주사약도 잘 듣질 않았다.

아빠로서 곤욕스러웠던 일은 '마취 후에 환자가 깨어나지 않더라도 병원은 책임이 없다'라는 시술 동의서 같은 것에 싸인 할 때였다. 서연이는 검사 받으면서 악쓰며 울지, 밥도 못 먹은 아이가 얼마나 아프면 저렇게 울까 생각했다.

마음이 괴로웠다.

그러나, 만약 딸이 건강했다면 내가 이렇게 관심을 가졌을까? 그저 잘 자고 잘 먹고 있겠거니 하고 말았을 것이다. 아이가 잘 자라는 모습을 지켜본다는 게 얼마나 행복한 일인지를 그 때 알게 되었다. 하루가 다르게 자라는 아이의 모습을 보면서 뿌듯해하고 든든해하는 당연한 것들을 나와 아내는 누리지 못했었다. 지금은 시간이 많이 지나고 서연이도 많이 건강해 졌지만, 아이를 보면 종종 눈물이 난다.

서연이는 뇌에 왜 이상이 왔는지를 다각도로 조사해 나갔다.

그러나 이 며칠간의 응급실에서의 고통은 이후 닥칠 오랜 여정의 시작에 불과하다는 것을 그 때는 미처 알지 못했다.

마음이 많이 연약해 지려고 했다. 그래서 하나님께 간절히 기도했다.

주님의 도우심을 간구했다.

> 그러므로 내가 그리스도를 위하여 약한 것들과 능욕과 궁핍과 박해와 곤고를 기뻐하노니 이는 내가 약한 그 때에 강함이라(고린도후서 12:10)

돌고 도네

얘기한 바와 같이 나는 아내가 일을 해서 아이를 혼자 보는 때가 많다. 특별히 아내가 공연 때문에 늦으면 밤늦게 까지 딸을 볼 때가 있다.

누가 나에게 집에서 애 보는 것과 밖에서 보는 것 중 어느 것이 더 힘든지 묻는다면? 나는 끝없이 엎치락뒤치락 돌고 돌지만 결국 처음을 알 수 없는 뫼비우스 띠를 떠올린다.

그 날도 아내가 늦게 오는 날이었다. 서연이가 호기심이 많아서 내 방 모든 물건들을 다 꺼내고 부수고 엉망으로 만들고, 제지하면 큰 소리로 울어 재꼈다. 모야모야 아이는 크게 우는 것을 금지한다. 크게 울면 갑자기 뇌로 가는 혈액이 부족해서 뇌졸중이 일어날 수 있기 때문이다. 가능하면 울지 않도록 하기 위해 노력했다.

너무 힘들어서 근처 놀이터로 데리고 갔다. 그런데 놀이터에서는 지치지도 않고 계속 뛰어 다니며 모든 기구를 위험하게 타는 것이다. 위험하게 놀아서 거기서도 긴장하며 아이를 따라다녀야 했다. 집에서 보다 더 힘들어서 데리고 들어오려고 하는데 들어가기 싫다고 또 울어 젖힌다.

집에 있으면 '밖에 나가지 않고서는 도저히 안 되겠다' 싶어 나갈 기회만 엿보는데 막상 밖에 나가면 '집만 한 데가 없군.' 하고 집에 들어오고 싶어 안달하는 뫼비우스 띠에 걸려든 것이다. 육아는 뫼비우스의 띠다.

시간이 지날수록 드는 생각은 아이 키우기는 어려운 것이다. 그리고 어려운 건 인생 그 자체이다. 아이는 가장 솔직한 내 모습을 본다. 나와 가장 가까이 있고, 내 날것의 모습이 그대로 다 드러난다. 이것이 뼈아픈 것이다. 숨기지 못한다. 그래서 어렵다. 나 자신의 모습을 정면으로 바라보아야 하기 때문이다.

사춘기 때 가출하고 싶었던 적이 있었는가? 나는 있다. 그러나 막상 가출하면 더 힘들다. 지금 회사가 힘든가? 나가도 똑같다. 이혼하고 싶은가? 혼자 살아도 또 다른 어려움이 기다리고 있다. 시험에 합격하면 행복만 가득할까? 아니다.

우리 인생은 오늘도 내일도 끝나지 않는 뫼비우스의 계단을 올라가고, 내려가고, 빠르게 가고, 느리게 가고 있을 뿐이다.

그럴 때 마다 우리는 구원해 주신 하나님의 은혜를 기억해야 한다. 그럴 때 하나님이 환경을 이길 힘을 주신다. 지혜를 주셔서 내 문제를 먼저 보게 하시고, 인격의 훈련을 시켜주신다.

내가 부득불 자랑할진대 내가 약한 것을 자랑하리라(고린도후서 11:30)

번개를 쏘는 아이

　서연이는 꿈이 많았다. 어떤 때는 쉴 새 없이 노래를 부르고, 어떨 때는 스마트폰에 빠져 그것만 들여다보고 있었다.
　특별히 요즘은 번개맨을 너무 좋아해서, 어린이집 가면무도회에도 번개맨 복장을 하고 갔었다. 어떨 땐 하루 종일 번개맨 놀이만 한다. 그리고 번개를 쏴보라고 하였더니 제법 번개를 쏘는 흉내를 내며, 팔을 휘둘러 에너지를 모아서 장풍 쏘듯이 손 모양을 하면서 "번개 파!"하고 나를 가리킨다. 재밌어서 번개를 맞고 감전된 것처럼 몸을 떨면서 쓰러져 주었다. 그러니 재밌다고 위기 때마다 번개를 쏜다. 이빨을 닦으려고 하면 번개를 쏴서 위기를 모면하려고 한다. 목욕을 하러가기 싫을 때도 아빠가 자신을 안고 욕탕으로 들어가지 못하게 하려고 번개를 쏜다. 장난감을 치우기 싫을 때도 마찬가지다.
　나도 참 상상력이 풍부했었다. 특별히 어렸을 때 슈퍼맨 같은 영웅이 되어 악당들을 소탕하는 꿈을 꾼적이 많았다. 그리고 홍콩 무술 영화가 유행하던 때라서 무술을 잘해서 나쁜 사람들을 혼내주는 상상도 많이 했었다.
　서연이를 보면 나를 닮은 것이 참 많다. 다양한 호기심도 많이 닮았고 다른 사람을 도우려고 하는 마음도 많이 닮았다. 그리고 나를 닮아 추위에 약하고 콧물이 많이 나기도 한다.

나는 생각한다.

'서연아 미안하다. 아빠를 닮아 콧물도 많이 나오고 추위에 약하구나. 그런데 서연아, 아빠는 아빠의 엄마를 닮았단다. 그런데 지금 생각해 보니 엄마에게 물려받은 모든 것이 감사할 것이고, 축복이라는 것을 알게 되었단다. 이중표 목사님의 책에 보니, 목사님이 암에 걸리셨는데, 암을 물려준 아버지께 감사한다고 적어놓으셨더라. 아빠는 그것을 보고 깊은 감동을 받은 적이 있단다. 너도 나중에 알게 될 거야. 아빠에게 물려받은 모든 것들이 감사할 것들이라는 것을.'

범사에 감사하라 이것이 그리스도 예수 안에서 너희를 향하신 하나님의 뜻이니라(데살로니가전서 5:18)

할아버지와 손녀

"이 녀석은 다른 애들 같지 않은데!"

아버지는 모야모야 수술을 마치고 아직 흉터가 남아 있던 아이에게 말씀하셨다. 그렇다. 우리가 서연이라 부르는 아이는 언어문제와 머리에 뇌혈관 수술을 한 흉터를 가지고 있다. 바로 나의 딸이다. 반면 아버지는 자수성가하신 완고한 분이시다. 무에서 유를 이룬 것을 자랑하시며 노력하면 불가능은 없고, 자손들을 모두 건강하고 똑똑하게 키워 내신 것을 자랑하시는 분이셨다. 아버지는 손녀가 다른 아이들보다 발달이 느리고, 머리에는 양쪽에 흉터를 가지고 있으며, 언어문제가 있다는 것을 차마 받아들일 수 없었던 것이다.

우리가 2번 째 방문했을 때도 아버지는 다른 손주들은 챙기시면서 서연이는 무시하셨다. 아버지는 가족사진을 찍기 위해 가족 전체가 모였을 때 딱 한번 서연이를 안아 주었다. 그런 후엔 한 번도 아이를 만지지 않았고, 항상 연민과 불편함이 섞인 눈으로 바라보았다.

서연이가 다섯 살이 되었고 우리 가족이 모두 모였던 어느 날 기적이 일어났다. 서연이가 아버지에게 걸어가더니 무릎에 기어올랐다. 아버지는 다소 놀라셨으나 사람들 앞에서 어쩌시겠는가. 당신의 손녀인데…….

서연이는 아버지의 윗옷 주머니에서 안경을 꺼내서 자기 얼굴로 가져갔다. 안경은 서연이의 작은 코에 위태위태하게 거꾸로 걸쳐져 있었다. 아이는 아버지를 보며 킥킥거리며 웃었고, 이에 아버지도 웃을 수밖에 없었다. 그러더니 잠시 후 아버지는 미소 지으며 아이를 따라 방 안을 걷고 있었다.

다음 명절에 아버지는 손녀를 다시 만났다. 서연이는 온갖 재롱을 떨었고, 아버지는 즐겁게 웃으시면서 아이를 안아 올려 품에 안아주셨다.

아버지는 내 아내에게 말씀하셨다. "어허, 이 녀석 여느 아이들과 똑같은 걸!" 연약함이 있는 사람에 대한 선입견과 두려움으로 손녀를 멀리하던 아버지에게 처음부터 드리고 싶었던 말씀이었다. 그러나 우리가 알려 드리지 못한 대신에 활기찬 꼬마 소녀가 아버지를 어둠 속에서 끌어냈으며, 아버지와 사람들에게 자신을 사랑하고 아껴주지 않으면 하나님의 축복을 놓치는 것이라는 사실을 행동으로 보여주었다.

그날 이후 강한 유대관계가 형성되기 시작했다. 아버지는 서연이가 공놀이를 좋아한다는 사실을 아셨고, 우리의 방문을 기꺼이 환영하면서 탱탱 볼과 고무공과 풀 볼을 준비하고 기다리셨다. 아버지는 서연이가 사랑스러울 뿐만 아니라 장난기도 많아 잡기 놀이를 좋아하는 것을 알게 되셨다. 서로 거실을 뛰어다니며 노는 것을 보면 누가 더 노는 것을 좋아하는지 알 수 없을 정도였다. 그 무렵 아버지는 내 아내의 희생과 수고를 인정하게 되셨고, 두 사람 사이에도 돈독한 관계가 형성되었다. 아버지는 내 아내와 통화하기 위해 전화를 하셨지만 마지막엔 항상 손녀와 통화하겠다고 청하셨다.

서연이는 언어문제가 있었지만 아버지의 말은 거의 모두 알아들었다. 그러나 서연이는 자신이 말하고 싶은 단어를 생각해 내고 발음하는 데 어려움이 있어서 의사소통에 곤란을 겪었다. 그럼에도 아버지는 늘 서연이와의 통화를 원하셨고, 서연이는 웃으면서 나와 내 아내가 이해할 수 없는 말들을 해댔다. 하지만 아버지는 말 하나하나를 모두 이해했다고 장담하셨다.

서연이의 무조건적인 사랑이 아버지의 마음에 다리를 놓아 그들의 마음의 세계는 변화되었다. 딸의 이런 능력은 가끔 우리에게 놀라움을 주었다.

나는 아래의 성경 말씀을 이해하게 되었다.

그러나 하나님께서 세상의 미련한 것들을 택하사 지혜 있는 자들을 부끄럽게 하려 하시고 세상의 약한 것들을 택하사 강한 것들을 부끄럽게 하려 하시며 하나님께서 세상의 천한 것들과 멸시 받는 것들과 없는 것들을 택하사 있는 것들을 폐하려 하시나니(고전1:27-29)

축구 경기

나는 서연이가 혈관이 튼튼해지려면 운동을 많이 해야 한다고 생각했다. 그래서 내가 시간이 될 때마다 적극적으로 운동장에 데리고 나가서 같이 뛰었다. 그리고 태권도나 유아 체능단 등도 적극적으로 하게 했다.

서연이가 근처 유명한 복지관에서 유아 축구팀 선수로 뛰고 싶다는 얘기를 했다. "아바, 추쿠할래." 내가 퇴근하고 집에 돌아왔을 때 서연이가 뛰어나와 나를 맞이했다.

많은 생각이 갑자기 번개처럼 머릿속을 스쳐 지나갔다. 서연이는 밝고 명랑하지만, 친구들과의 소통이 약하다. '만일 연습 중에나 경기 중에 다른 선수들을 따라잡으려다 부상이라도 당한다면? 팀의 다른 선수들이 서연이와 운동하는 것을 거부하면 어쩌지?'

연습 때 가보았더니 지도 선생님은 서연이를 환영하는 좋은 분이셨고, 서연이도 열심히 연습하며 나를 보고 반가워했다.

드디어, 첫 번째 축구 경기가 시작되었다. 경기 초반에는 서연이가 속한 청팀이 우세했지만, 시간이 지날수록 홍팀이 앞서가기 시작했다. 남녀 5세-7세 아이들이 섞여서 우르르 몰려다니며 하는 축구인데, 물렁한 피구 공으로 축구를 하고 있었다. 청팀은 한 골을 넣고, 홍팀이 앞서가며 다섯 골을 넣었다.

서연이는 초반에 조금 뛰는 것 같더니, 공과 몰려다니는 아이들만 바라보며, 응원을 즐기고 있었다. 청팀이 득점할 땐 가장 활기차게 응원했고, 상대팀이 골을 넣으면 아쉬움에 자기 무릎을 치기도 했다.

후반전 오 분을 남겨두고 청팀이 1:6으로 뒤져 있었다. 지도 선생님이 잠시 작전 타임을 요구했고, 이 후 경기는 속개되었다. 그 때 놀라운 일이 벌어졌다. 청팀 선수가 서연이에게 패스했고 서연이가 드리블을 하면서 골대를 향해 달려갔다. 나와 몇 부모는 "박서연 박서연!" 큰소리로 응원했고, 서연이는 슛을 쐈고, 그 골은 골기퍼 다리 사이로 들어갔다. 득점한 것이다.

박수가 터져 나왔고, 나는 신이 나서 "내 딸이에요. 내 딸이요."를 외쳤다.

지난 시간 동안 나는 서연이가 다른 아이들과 다르다고 느끼지 않도록 보호해 왔다. 그러나 딸이 경기하는 것을 지켜보면서 서연이는 정말 다르다는 것을 알았다. 서연이는 신체적으로나 정서적으로 남과 다른 것이 아니라 남다른 정신을 가지고 있었다. 경기장에서 최선을 다했고, 팀이 지고 있어도 경기를 즐겼다.

내 딸은 다른 어떤 누구와도 같지 않다. 달랐다. 나는 정말 기뻤다.

서연이와 기도

서연이가 아플 때 간절히 기도했다.

그러면서 '서연이는 기도를 할 수 있었을까?' 이런 생각을 참 많이 했다. 하나님이 누구시며 예수님의 이름은 알고 있었을까? 우리 가운데 거하시는 하나님의 신비를 이해할 수 있었을까? 아직 어려서 모를까? 크면 이해할 수 있을까? 아니면 영영 신앙을 가질 수 없을까? 그러나 이제 이런 질문들은 '아래로부터' 오는 질문임을 알게 되었다. 이것은 하나님의 사랑보다는 나의 걱정과 불안이 반영된 질문들이었다.

하나님의 질문, 곧 '위로부터' 오는 질문들은 무엇일까? 딸이 너를 기도로 이끌도록 맡길 수 있느냐? 너는 내가 서연이를 지었고 사랑한다는 것을 믿느냐? 서연이가 너의 순간순간의 삶 속에서 살아 있는 기도가 되도록 할 수 있느냐?

서연이는 연약함 가운데 싸여 있었지만 나를 변화시키기 위해 주어졌다. 나는 좀 더 일을 잘하고 칭찬받기 위해 염려하는 동안, "딸은 성취보다는 존재가 중요해요" "행위 보다는 함께 있음이 중요해요"라고 나에게 얘기하고 있었다. 내가 다른 사람들의 평가에 귀 기울이고 있을 때, 서연이는 조용히 말했다. "사람들의 칭찬보다 하나님의 사람됨이 더 중요해요" 내가 개인적인 성취에 관심을 쏟고 있었을 때, 딸은 내게 "혼자서 성취하는 것 보다는 남들과 동행하는 것이 더 중요해요"라고 하며 나를 일깨워 주었다.

서연이와 함께 하는 시간이 많을수록 점 점 더 하나님의 음성을 듣게 된다.

> 나에게 이르시기를 내 은혜가 네게 족하도다. 이는 내 능력이 약한 데서 온전하여짐이라 하신지라 그러므로 도리어 크게 기뻐함으로 나의 여러 약한 것들에 대하여 자랑하리니 이는 그리스도의 능력이 내게 머물게 하려 함이라(고린도후서 12:9)

3장

확진과 치료

모야모야 확진

서연이가 처음 뇌 CT를 찍어본 후에 레지던트 의사 선생님은 대뇌피질 이형성증 같다고 하셨다. 그러니까 쉽게 말하면 대뇌피질에 혹 같은 것이 있다는 것이었다. 그런데 담당 교수님은 그렇게 보지 않으셨다. 아직 정확한 원인을 몰랐던 것이다. 그리고 그게 끝이 아니었다. 그 다음에는 요로 감염이 있었다. 뇌수막염도 의심 된다고 했다. 이렇게 특별한 병명을 알지도 못하고, 여러 가지 우여곡절 끝에 어느 정도 치료를 했고, 퇴원이 결정되었다.

그렇게 약을 처방 받고 퇴원을 했는데, 2014년 10월에 또, 심한 경기를 한 것이다.

이번에는 누워있는데, 아이가 정신을 잃으면서, 왼쪽 팔이 전기 자극을 받는 것처럼 찌릿찌릿 저절로 튕기는 것이었다. 작은 뇌졸중이었던 것이다. 나중에 알고 보니 오른쪽 뇌에 잘못된 자극이 생겨서 그렇게 된 것이었다. 이후 서연이는 왼쪽 손을 쥐고 펴는데 어려움을 겪고 있다. 신경이 일부 손상된 것이다.

병원으로 달려가 보니, 늦으면 큰 일 날 뻔했다고 한다. 이번에는 요로 감염이었다. 항생제를 투여 받고 좋아졌다. 이 때 다시 다각도로 검사를 해보며, 뇌 MRI를 찍어 보고 나서 모야모야라고 확진을 받게 되었다.

나는 모야모야라는 병이 뭔지 전혀 몰랐다. 그래서 인터넷을 검색해 보았다. 모야모야병은 주로 대뇌의 피를 공급하는 동맥이 대뇌 저절로 서서히 진행하면서 좁아지거나 막히는 뇌혈관 질환이었다. 모야모야는 연기가 올라가는 모양을 일컫는 일본말이다. 이 질환을 가지고 있는 환자에서 비정상적인 혈관(모야모야 혈관)이 뇌 기저부에 새로 자라나와 마치 연기가 올라가는 형태로 관찰 되는데 이를 일본인이 가장처음 1969년에 모야모야 혈관이라 기술하였고 이것이 모야모야병 이름의 유래가 되었던 것이다. 모야모야병의 발현은 소아와 성인에서 큰 차이가 있다고 한다. 성인에서는 혈관이 터져서 생기는 뇌출혈로 병원에 오는 경우가 대부분인데 비해 소아에서는 병으로 인해 뇌에 피가 잘 가지 않아서 생기는 허혈 증상 즉 허혈 발작이 주로 나타난다고 한다. 그리고 경기 등을 할 수도 있다고 하는데 서연이가 그랬다. 소아에서 일과성 허혈 발작에 의한 증상은 팔 다리에서 일시적인 마비가 대부분에서 나타나며 두통, 언어 문제, 의식 장애, 감각 장애 등도 나타난다고 한다.

서연이도 모야모야병이었고 다양한 증상과 경기가 두뇌에 피가 부족해서 생겼던 것이다. 의사는 아주 담담하게 모야모야라고 얘기했고 수술을 해야 한다고 했다. 뇌 혈관 간접 혈관문합술을 해야 한다고 얘기했다. 직접 혈관문합술은 아이들에게는 뇌혈관의 직경이 작아서 시행하기 어려우므로 어린이 모야모야 환자는 간접 혈관문합술을 시행 한다는 것이었다. 간접 혈관문합술은 수술적 조작이 간단하고 아이가 수술로 인한 부담이 적은 장점이 있으며 또한 최근 치료성적도 좋게 보고 되고 있다고 했다.

    쉽게 얘기하면 오른 쪽 뇌로 가는 혈관이 막혀 있기 때문에 뇌혈관을 새로 만들어 주어 뇌로 가는 피를 늘려 준다는 것이었다.

> 하나님은 곤고한 자를 그 곤고에서 구원하시며 학대 당할 즈음에 그의 귀를 여시나니 주님이 불안한 우리 부부에게 음성 주시기를 간절히 기도했다.(욥기 36:15)

아니 아니 아니 되옵니다

쓰러지지 않는 『영혼을 위한 닭고기 스프』라는 책에서 읽은 글이다.

지상에서 아주 먼 곳에서 회의가 열렸다. 천사들이 하나님께 말했다. 또 아이가 태어날 때가 되었습니다. 이 특별한 아이에겐 큰 사랑이 필요할 겁니다. 아주 아주 더디게 자라는 것 같을 테니까요. 할 줄 아는 것도 별로 없는 듯 보이고. 저 밑에서 만나는 사람들의 특별한 보살핌이 필요할 겁니다. 아이는 달리거나 웃거나 놀 줄도 모르고, 생각이 아주 먼 곳에 머물 겁니다. 여러 가지로 적응하지 못할 테고, 연약한 것으로 알려지게 될 테지요. 그러니 아이를 어디로 보낼지 신중히 정하세요. 저희는 아이가 만족스런 삶을 살기를 바랍니다. 하나님, 당신을 대신해서 특별한 일을 맡을 부모를 찾아주세요. 그들은 당장은 어떤 역할을 하게 될지 깨닫지 못하겠지만, 이 아이가 하늘에서 보내지면 믿음이 강해지고 사랑도 더욱 커질 것입니다. 곧 그들은 하늘의 선물을 돌보는 특권을 얻었음을 알 것입니다. 그들에게 맡겨진 보드랍고 여린 아이가 하늘이 주신 아주 특별한 아이임을.

병원에서 서연이의 병에 대한 이야기를 듣고 문제가 생길지 많이 걱정이 되었다. 수많은 생각이 스쳐지나갔다. 어떻게 기도할까. "하나님, 무조건 우리 아이는 안 됩니다. 아니 아니 아니되옵니다." 라고 기도해야 할까?

부모라면 누구나 그렇게 기도할 수밖에 없을 것이다. 나도 그렇게 기도하고 있었다. 그러다가 성경을 읽으며 깨달은 바가 있다.

예수님의 제자들은 예수님을 너무 사랑했다. 예수님께서 십자가를 지실 것이라고 하셨을 때, 수제자인 베드로가 나서서 말렸다.

"예수님, 그것만은 아니 아니 아니 되옵니다."
"사탄아 내 뒤로 물러가라. 너는 사람의 일만 생각하고 하나님의 일은 생각지 못하는 구나!"

베드로가 혼난 이유는 무엇일까?
또한 성경 다른 부분에서는 제자들이 날 때부터 소경이 된 사람을 보자 대뜸 물었다.

"예수님! 저 사람이 소경으로 난 것이 누구 죄 때문입니까? 저 사람입니까, 그 부모입니까?"
"이 사람이나 그 부모가 죄를 범한 것이 아니라 그에게서 하나님이 하시는 일을 나타내고자 하심이니라"

이 대답은 무슨 의미일까?

나는 큰 충격을 받았다. 나는 내가 원하는 기도만 하고 있지는 않은가? 내가 원하는 행복과 성공을 가지는 것이 그리스도인의 모습인가? 주님은 항상 나의 행복을 보장해 주셔야 하는가?

우리는 다 이해하지 못하지만 하나님의 시간이 있고 뜻이 있다. 품에 안겨 있는 서연이를 바라보며 오직 하나님의 기쁘신 뜻이 이루어지기를 기도했다. 또한 아버지로서 아이의 구원을 위해 기도했다. 서연이가 문제가 있다면 그것은 하늘의 선물일 것이고 문제가 없다면 그것 또한 감사할 일이다.

그 작은 자가 천 명을 이루겠고 그 약한 자가 강국을 이룰 것이라 때가 되면 나 여호와가 속히 이루리라(이사야 60:22)

쇼핑센터에서

서연이가 모야모야 진단을 받고, 입원해 있을 때, 나는 지친 몸으로 마트로 운전해 갔다. 저녁도 먹지 못하고 기진맥진한 채 쇼핑 목록을 보았다.

간단히 먹을 수 있는, 시리얼 한 박스를 집어 영양구성표를 읽었다. 서연이의 건강을 생각해서 이다. 다음은 오렌지 주스를 집어 영양구성표를 읽기 시작했다. "당분이 혈관에 좋을까? 트랜스 지방은 혈관에 않좋지." 곧 나는 떨리는 내 손을 보았다. 눈물이 흐르는 것을 느끼면서 영양 구성표를 다시 읽으려고 주스를 꽉 잡았다. 어찌할 바를 몰라 오렌지 주스 3통을 집어 쇼핑카트에 넣었다. 도대체 제대로 되는 것이 없다는 생각에 좌절하며 쇼핑 목록이 적힌 종이를 구겨 버린 채, 손으로 얼굴을 가리고 울었다.

"아구 젊은이, 괜찮아요?" 누군가 물었다. 눈을 들어 보니, 조금 허름한 옷을 입고, 코가 조금 빨가신 백발의 할머니께서 손에는 소주병과 오징어를 드신 채 나를 측은히 바라보시더니, 주머니에서 꼬깃꼬깃한 돈, 2,000원을 꺼내 손에 쥐어주시는 것이었다.

나는 얼굴을 가렸던 손을 내리고, 할머니를 쳐다보았다. "아, 괜찮습니다. 할머니. 돈은 충분히 있어요."

"아니야. 그냥 가져. 다 알아. 힘내. 삐쩍 말라서……, 불쌍해."하시면서 빨리 계산대 쪽으로 가시는 것이었다.

나는 이러지도 저러지도 못하고 잠시 그 자리에 서 있었다. 하나님은 언제 어디서든 어떤 방법으로든 돕는 자를 붙여주신다.

나에게 이르시기를 내 은혜가 네게 족하도다. 이는 내 능력이 약한 데서 온전하여짐이라 하신지라 그러므로 도리어 크게 기뻐함으로 나의 여러 약한 것들에 대하여 자랑하리니 이는 그리스도의 능력이 내게 머물게 하려 함이라(고린도후서 12:9)

애비야 애기야

아내가 서연이에게 아기 인형을 선물해 주었다. 정말 살아있는 아기 같이 보여서 처음에는 놀랐다. 살아있는 것처럼 정교해서 스웨덴에서 특허를 받은 인형이란다.

서연이가 아기 인형을 가지고 놀고 있었다.

"어마 이어버렸어? 차자주께."

잠시 후

"어마 이어버렸어? 차자주께."

인형과 어머니를 찾아주는 가상극을 하며 놀고 있었다. 내가 다가가서 말했다.

"서연아, 인형한테 '애기야!' 해봐."

그러자 서연이가 인형에게

"애비야!"
'아니 뭐가 어째? 이 녀석이 애비를 불러?' (웃으면서)
"이 녀석! 애비야가 뭐야?"

얼굴은 웃으면서 야단치는 목소리로 말하니까 어리둥절한 모양이다. 고개를 갸우뚱한다.

아이가 인형 놀이를 하는 것을 보면서 부모를 잊어버리는 것은 인간 근원의 문제라는 생각을 하게 되었다. 영적으로도 부모인 하나님을 잊어버리면 인간은 불안할 수밖에 없다. 수시로 부모님과 대화하는 것처럼 하나님과 대화하기 위해 기도와 말씀 읽기를 놓치지 말아야 겠다.

서연이 어록

우리 딸은 언어 문제가 있었다. 6살일 때 단어를 나열하는 수준이었다. 서연이의 어록이다.

시러 조요해=시끄러워 조용히 해.
야야 조=스마트폰 조
엄메메=선생님
할머니=엄마
아빠이=할아버지
칠어=싫어
이 와=이리 와
아뽀뽀=뽀로로
아이=아이스크림

서연이가 부정확한 단어를 사용할 때 조금 크면 좋아지겠지 생각했다. 그리고 점점 더 좋아지고 있다. 나도 하나님과 대화할 때 비슷하지 않을까? 처음에는 이해하지 못하고 잘못된 말을 했지만, 점점 더 좋아

져야 할 것이다. 점점 더 온전한 하나님의 사람이 되어야 할 것이다. 하나님의 마음을 가지고 하나님의 언어를 사용할 줄 아는 하나님의 사람이 되고 싶다.

차돌도 변하네

아버지는 아주 강하신 차돌 같은 분이셨다. 자수성가하셨다. 돈을 아끼는 능력도 대단하셨다. 그러나 쓰는 능력은 없으셨다. 인색 하셨고, 지독한 면이 있으셨다. 평생 여행이나 외식을 한번도 하신 적이 없다. 낡은 옷 한 벌로 평생을 사실 정도였다.

목소리는 얼마나 크신지 기도원에 가서 기도를 하시면 수백 명의 목소리 보다 크셨다. 울부짖으면서 기도를 하시면 맹수가 울부짖는 것 같이 들렸다. 이 큰 목소리는 주로 자식들을 꾸짖을 때 사용하셨다. 우리와 놀아주기 보다는 잘못이 있을 때 줄 매를 때리는 역할을 주로 하셨다.

그러나 세월이 흐르면서 아버지는 가난했던 시대 환경의 산물이고 있는 그대로의 모습이라는 것을 알게 되었다. 인정하고 받아들이는 것이 길이라는 것을 알았다. 너무 강해서 도저히 넘을 수 없는 장벽이었던 아버지였고 이해되지 않는 부분이 많았다.

아버지는 연세가 드셨고, 건강이 나빠지셨다. 만성신부전으로 투석을 시작하셨고 전립선 암 3기가 추가로 발견되었다. 흐르는 시간 속에서 아버지에 대한 감정이 바뀌었다. 아버지를 받아들이고 이해할 수 있게 되었다.

　아버지는 가난한 시골에서 태어나셔서 서울로 오신 후에 가죽 공장 잡부, 아파트 경비, 가스렌지 대리점 운영, 작은 건축업에 이르기까지 정말 뼈가 부서지도록 열심히 일하셨다.

　요즘은 아버지 삶도 얼마나 고단했을까 공감하는 마음이 생긴다.

　나는 늦게 결혼하고 딸을 낳았을 때 아버지의 전혀 다른 모습을 볼 수 있게 되었다.

　서연이는 병이 나기 전에도 예민해서 한시도 엄마 품에서 떨어지지 않으려 했다. 명절에 인사드리러 가서 아버지가 잠깐이라도 안아보려고 하면 떼를 쓰고 울었다. 그러면 아버지는 아이는 원래 그런 것이라고 허허허 웃으셨다. 나는 아버지가 서연이 떼쓰는 모습을 보고 화를 내실 줄 알았다. 웃으시며 말씀하시는 모습이 낯설게 느껴졌다. 아버지가 손녀를 시간이 지날수록 무척 좋아하시는 것이었다.

　서연이가 삼성의료원 응급실에 입원해 있을 때였다. 아버지는 연락도 안하시고 낡은 점퍼를 입고 응급실에 오셨다. 기도하자 하시더니. 응급실 전체가 떠나갈 정도로 "하나님 아버지!"를 부르셨다. 나는 놀라서 기도하다 말고 눈을 뜨고 주변을 살폈다. 그 날 응급실의 모든 아버지들이 우리를 쳐다보았다.

> "하나님 아버지! 우리 서연이를 제발 불쌍히 여겨 주시옵소서…. 살려 주시옵소서…."

　아버지는 아주 큰 목소리로 기도를 하시며 울먹이고 계셨다. 내가 아버지의 눈물을 본 적이 있던가?

나는 서연이를 돌보기 시작하면서 아버지의 눈물을 이해할 수 있게 되었다. 아버지의 삶의 방식을 완전히 이해하지는 못했지만 조금은 헤아릴 수 있게 되었다. 언제쯤 아버지에게 웃음을 드릴 수 있을까? 아버지를 인정해 드리고 존경과 감사의 마음을 전하고 싶다.

나중에 아버지와 통화하면서 그런 얘기를 하고 싶었지만 아버지는 그저 한마디 하셨다.

"전화비 오른다. 끊자!"

자녀를 키워보니 아버지의 마음을 이해하게 되었다. 나도 얼마나 아버지를 귀찮게 했을까? 예전에 아버지의 울부짖는 기도가 교양 없다고 생각했던 적이 있었다. 그러나 이제는 울부짖는 기도의 중요함을 알았다. 하나님은 아버지의 울부짖는 기도에 응답하셨던 것이다. 배움이 없으셔서 믿음도 기도도 단순하셨던 아버지. 아버지는 몇 년 전에 소천하셨다. 아버지 사랑합니다.

좋은 일, 나쁜 일, 이상한 일

인간은 생각하는 동물이다. 지성이 중요하다. 그러나 "진정한 평안은 영혼 속에 있다." 서연이가 주는 평안의 길은 영혼에 근거를 둔 평안이다.

아픈 딸을 돌보며 어느 순간부터 평안을 체험하기 시작했다. 나를 꾸밀 필요 없는 평안, 온전히 나에게 의존하는 모습에서의 평안, 요구하지 않아도 사랑할 수 있는 평안.

서연이는 의사 표현을 하지 못할 때도 온전히 사랑을 주고 받을 수 있었다. 서연이에게는 영혼이 있기 때문이다. 영혼은 하나님의 형상과 모양대로 만들어진 것이다.

여기서 말하는 '영혼'은 인간의 지성의 자리가 아니다. 감정의 자리도 아니다. '영혼'은 '마음'이며 하나님이 함께 거하시는 자리이다. 우리 존재의 중심이다. 지성은 이해하고 문제를 파악하고 다양한 측면을 분별한다. 반면 영혼은 우리를 관계 속으로 들어가게 하고, 우리가 형제, 자매라는 것을 알게 한다. 하나님의 자녀임을 경험하도록 한다. 우리의 지성이 잠재력을 행사하기 전부터, 우리의 영혼은 이미 신뢰하는 관계를 개발할 수 있었다.

여기서 우리는 영적인 삶의 기원에 접하게 된다. 우리는 종종 영적인 삶이란 생물학적, 지적 삶의 다음 단계에 오는 가장 늦은 것이라고 생각한다. 그러나 내가 서연이와의 경험을 숙고해 보면서, 영적인 삶은 우리가 수태되기 전부터 주어진다는 것을 깨달았다. 하나님의 사랑의 선물은 서연이가 영적인 삶을 시작하고, 스스로 훨씬 위대한 창조주의 존재를 드러내 보일 수 있도록 만드신 것이다.

나는 부모가 어떻게 자녀를 위해서 희생할 수 있을까 궁금했던 적이 있었다. 그러나 그 사랑은 바로 하나님의 첫사랑, 모든 인간의 사랑보다 선행하는 사랑에 근거를 두고 있기 때문에 모든 계산과 사고를 초월하는 것이다.

서연이의 신비는 이것이다. 깊은 육체적, 정신적 상함 가운데서 모든 인간의 자만심으로부터 벗어나 있어서, 하나님의 첫사랑을 전달하는 중개자가 되었다는 것이다. 나는 서연이의 모습을 통해 하나님의 사랑하심을 경험할 수 있었다.

나쁜 일이 좋은 일이 되고, 이상한 일은 신비가 되었고, 신비는 기쁨이 되었다.

섬들아 내게 들으라. 먼 곳 백성들아 귀를 기울이라 여호와께서 태에서부터 나를 부르셨고 내 어머니의 복중에서부터 내 이름을 기억하셨으며(이사야 49:1)

4장

치료 속의 은혜

1차 수술

이제 수술 날짜를 잡고 수술하기 위한 사전 준비 작업을 4박 5일 동안 입원해서 가졌다. 각종 검사가 이어졌다.

MRI도 다시 찍고 심혈관 조형술도 했다. 물감으로 혈관의 상태를 보는, 어른들도 견디기 어렵다는 검사들을 줄줄이 하며 서연이는 표정 없는 로봇 같은 아이가 되어 있었다. 아이가 견딜 수 없는 고통이 계속되니 아이는 슬픔도 기쁨도 느끼지 못하는 것처럼 보였다. 단지 스마트폰으로 뽀로로를 보여주면 그것을 보면서 아픔을 잊는 것 같았다. 어쩔땐 더 이상 울 힘도 없어 보였다.

그리고 수술 적합 판정을 받고 얼마 후 1월 6일에 입원해서 1월 7일에 수술을 받았다.

한 쪽 뇌혈관 수술을 먼저 받은 것이다. 1차 수술이었다. 수술하기 전 아이의 머리털을 모두 밀었다. 서연이가 얼마나 불쌍해 보이던지 말할 수 없었다. 그리고 수술 동의서에 싸인을 했다. 그렇게 수술을 받고 1주일 동안 입원해 있었다.

그런데 아이가 아프다고 소리 질러 울 때 마다 잠깐씩 의식을 잃는 것이었다. 병원에서는 울지 못하도록 신경 쓰라고 했지만, 아이가 아파서 우는 것을 어쩔 수 없었던 것이다.

가끔 소독을 하느라고 머리에서 반창고를 떼어 낼 때, 아이의 머리에 있는 수술 흉터를 볼 수 있었는데, 마음이 미어지는 것 같았다.

그렇게 회복을 하고 퇴원을 했다. 퇴원을 해서도 심하게 울면 잠시 동안 정신을 잃곤 했다. 그러나 잠시 후에 다시 정신이 돌아왔다.

반대편 수술을 하면 좋아질까?

삶을 살아가다 보면 고통이 오고 고통이 오래되면 무기력이 온다. 서연이가 아플 때 무기력함을 많이 경험했다. 그 때 마다 성경을 읽으며 용기를 얻었다. 느헤미야서를 주로 읽고 용기를 얻으며 소망을 품을 수 있었다. 주님의 말씀이야 말로 등불이고 나침반이다.

주의 말씀은 내 발에 등이요 내 길에 빛이니이다(시편 119:105)

절망과 소망 사이

　사람은 이것이 가장 큰 고통이라고 생각하는 순간을 지날 때에야 중요한 것을 알게 된다. 그래서 고통의 순간은 축복이 되기도 한다. 그러나 너무 고통스러운 순간을 보내다 보면 정말로 중요했던 순간들을 지나칠 때도 있다.
　나중에 서연이가 수술 후 회복할 때 찍은 사진을 보며 깨달았다. 눈에 초점이 없고 치료로 지쳐 있는 딸을 보면서 우리는 서연이가 회복될 수 있을까 그 걱정만 했다. 딸의 그 자체의 모습, 숨결, 목소리를 한 번도 제대로 듣고 기뻐하지 못했다는 것을. 마음으로 서연이라는 존재 자체를 받아들이지 못했다는 것을…….
　그 때는 어둠뿐이었다.
　상황이 어떻게 변할지 누구도 장담할 수 없었던 시간. 칠흑 같은 그 시간을 뚫고 온 것이 기적이다.
　한달 씩 계속된 병원에서의 지옥 같은 시간을 보내고 났더니 집에 가도 좋다는 의사의 말을 듣는 순간 다른 말은 아무것도 귀에 들어오지 않았다. 의사가 심각한 이야기를 하는데도 듣는 둥 마는 둥 했다. 살아 있다는 사실만으로도 모든 문제가 해결 된 듯했다. 어차피 영원한 삶은 없고 누구나 다 정해진, 제한된 삶을 살아가는 것이기 때문이다.

어떻게 살아갈 것인가, 즉 삶의 내용을 어떻게 채울 것인가를 고민하는 것이 더 가치 있고 소중하지 않겠는가.

인생은 그 날이 풀과 같으며 그 영화가 들의 꽃과 같도다(시편 103:15)

바른 말 논쟁

나와 서연이는 가끔 바른 단어 논쟁을 벌인다. 가르쳐 주고 싶은 마음에서다. 이런 식이다. 뽀로로 인형을 들고 물어본다.

"이게 뭐야?"
"아뽀뽀!"
"뽀로로라니까"(소리를 조금 높이며)

서연이가 좀 더 소리를 지른다.

"아뽀뽀!"
"아뽀뽀가 아니고 뽀로로!"
"아냐! 아뽀뽀!"
"그래. 아뽀뽀 해라!"

원래 언어 치료의 원칙은 아이가 잘못된 단어를 써도 부모는 정확한 단어로 응수하는 것이다. 그래서 언쟁이 벌어진다.

사람의 생각은 언제나 좁고 한정되어 있다. 그래서 사람은 존경의 대상이기보다는 사랑의 대상인 것 같다. 옆에 사람들을 사랑하기 위해 내 안에 사랑을 키워 나가야 겠다.

썩은 앞 이빨 4개

책에서 읽은 이야기다.

한 남자가 어느 날 아침 너무도 생생한 꿈에서 깨어났다. 꿈속에서 다섯 명의 천사가 황금으로 가득한 커다란 항아리 다섯 개를 그에게 주었다. 눈을 떴을 때 천사들은 사라지고, 아쉽게 황금 항아리들도 사라졌다. 하지만 범상치 않은 꿈이었다.

그가 부엌으로 들어갔을 때, 아내가 그의 아침식사로 다섯 조각의 토스트에 계란 프라이 다섯 개를 얹어놓고 있었다. 아침 신문을 읽다가 그는 신문에 적힌 그날의 날짜가 5월 5일임을 알았다. 분명 뭔가 기이한 일이 이어지고 있었다.

신문을 한 장 넘기자 뒷면에 경마란이 나타났다. 그는 놀란 눈으로 5번째 경주에 출전하는 5번 말의 이름이 다섯 글자인 것을 발견했다. 다섯 명의 천사들! 그 꿈은 분명 하나의 강력한 징조였다.

오후에 그는 일찌감치 조퇴를 하고 직장을 빠져나왔다. 은행구좌에서 5천 달러(굉장히 큰 돈)를 꺼낸 그는 서둘러 경마장으로 가서 다섯 번째 계산대에서 모든 돈을 걸었다. 5천 달러라는 거금을 다섯 번째 경주의 5번 말, 다섯 천사에게! 그 꿈이 틀릴 리 없었다. 행운의 숫자 5가 잘

못될 리가 없었다.

실제로 꿈은 틀리지 않았다. 그 말은 5등으로 들어왔다.

사람은 누구나 자신만의 잣대로 세상을 보고, 자신만의 생각으로 세상을 해석한다. 그게 바로 오해다.

서연이는 앞 이빨 4개가 가짜였다. 4살 때까지 단거는 많이 먹고 이빨을 잘 닦아주지 않아서이다. 어느 순간 보니까 앞니 4개가 다 썩어서 구제할 수 없었다. 아직 젖니이지만 아내가 보험금 보상 받은 것으로 거금을 들여 공사를 해 주었다. 그리고 요즘은 내가 매일 밤마다 열심히 닦아주고 치실로 마무리 한다.

그런데 얼마나 이빨 닦는 것을 무서워하는지 모른다. 이빨 닦자 하면 도망가고 잡히면 울고 난리다. 한번은 이빨 닦기 싫다고 내 얼굴을 발로 차서 안경이 벗겨진 적도 있다.

치과에 가서 치료 받았던 두려운 기억 때문에 이빨 닦는 것이 고통이 된 것이다. 양치를 하면 아플 것이라는 생각이, 다시 말해 두려움이 고통의 주된 원인인 것이다.

서연이가 나중에 커서 지혜가 생기면 아픈 것은 잠시 지나간다는 것을 알게 되겠지. 그리고 아프지 않게 미리 미리 양치를 잘해야 한다는 것도 알게 되겠지.

지혜 중에 최고의 지혜는 하나님이 주시는 지혜라는 것도 알게 되겠지.

BMW에서 벤츠로

나는 비싼 승용차를 좋아하지 않는다. 그러다가 최근에 정말 낡은 아버지 차를 물려받고 나서야 사람들이 좋은 차를 타는 이유를 알게 되었다. 문손잡이가 뽑히고 부러진다. 조수석 문이 안 열린다. 너무 불편하다.

우리 딸도 장난감 BMW를 타다가 장난감 벤츠로 바꿨다. 소비자들이 아이들 차도 메이커를 선호하나보다. BMW는 친척 오빠가 타던 것을 물려받은 것이다. 벤츠는 내가 선물해 준 것이다. 처음 빨간색 벤츠를 타면서 얼마나 좋아하던지 선물해 준 내 마음도 기뻤다.

그런데 그게 오래가지 않았다. BMW도 벤츠도 1달 정도 타더니 구석에 놓여 있다.

좋은 장난감을 사주는 부모는 많지만, 그 장난감을 가지고 함께 놀아주는 부모는 얼마 없다. 부모는 돈을 쓸 뿐 함께 놀 방법을 모른다. 그저 아이가 잘 놀고, 잘 자라겠지 믿을 뿐이다. 가장 소중한 돈을 썼으니까.

나는 교회에서 일하면서 교육 부서에서 가끔 질문을 받는다. "이것을 어떻게 하는 것이 좋을까요?" 그럴 때 나는 모든 것을 지시하기 보다는 같은 질문을 조금 더 자세히 던짐으로서 담당자가 자율적으로 일을 할 수 있도록 한다.

건강해지고 있는 딸을 키우면서 늘 고민이다. 인공지능 시대를 살아갈 아이를 어떻게 키워야 할까. 답은 모른다. 1년 전, 세상이 1년 만에 이렇게 바뀔 줄 몰랐는데, 10년 후, 20년 후 어떤 세상이 올지 제가 감히 어떻게 알겠는가. 답을 모르기에 나는 아이에게 물어본다.

"지금 너는 무엇을 하고 싶니?"

아이가 책을 읽어 달라 하면 책을 소리 내어 읽어주고, 자동차 게임을 하자고 하면 판을 펼치고, 퍼즐을 하자고 하면 퍼즐을 하고, 운동을 하자고 하면 같이 운동을 한다.

어려서 부모님이나 선생님 같은 주위 어른들이 시키는 대로 열심히 공부만 하던 아이는 어른이 되어서도 회사 상사가 시키는 대로 열심히 일만 하면서 산다. 시스템과 명령에 따라 열심히 일하는 건 앞으로 인공지능이나 로봇이 더 잘할 것 같다. 아이가 스스로 성장하는 즐거움을 맛보려면 자율성과 자발성을 키워야 한다. 결국 부모도 아이에게 지시를 내리는 사람이 아니라 물어보는 사람이다.

'아이가 무엇을 할 때 가장 즐거워하는가?' 이것을 찾는 것이 진짜 공부다.

미스터리 베이비

서연이는 지금까지 경험해보지 못한 방식으로 나에게 말한다. 서연이와 놀다보면 딸은 바쁜 일을 내려놓고 나와 함께 머물라고 명령한다. 정직하라고 명령한다. 걱정하지 말라고 명령한다. 웃으라고 명령한다.

서연이는 항상 공동체를 형성해 내는 평화의 아이가 되었다. 내가 딸을 돌보면서 발견한 부분은 연약함을 가진 사람들은 우리를 한 가족으로 부르며, 우리 관계의 중심이 된다는 것이다. 전적으로 연약했던 딸은 사람들을 주변으로 불러 모았다. 서연이 때문에 우리 부부는, 할아버지 할머니는, 친척들은 하나 됨을 발견했다. 심지어 간호사와 의사들까지도 모두가 하나가 되었다. 가끔 우리 부부 사이에도 긴장이 있지만 긴장이 오래 지속되지 않는다. 우리를 긴장시키는 것들을 내놓고 이야기하며, 의견 차이도 해결된다. 서연이 덕분이다. 서연이가 아니라면 우리 부부는 더 많이 싸우고 우리 가정에는 웃음이 없었을 것이다.

서연이 덕분에 항상 누군가가 집에 있다. 집에는 리듬이 있다. 애정 어린 말과 친절이 있다. 인내와 오래 참음이 있다. 모두에게 웃음과 울음이 있다. 늘 서로에 대한 용서와 치유가 있다. 서연이 때문에 우리 가운데 평안이 있다.

하나님의 방법이 얼마나 놀라운가?

"그러나 하나님께서 세상의 미련한 것들을 택하사 지혜 있는 자들을 부끄럽게 하려 하시고 세상의 약한 것들을 택하사 강한 것들을 부끄럽게 하려 하시며 하나님께서 세상의 천한 것들과 멸시 받는 것들과 없는 것들을 택하사 있는 것들을 폐하려 하시나니"(고전1:27-29)

서연이는 바울의 이 말씀을 깨닫게 해 주었다.

성인으로서 삶의 대부분을 나는 스스로 무언가 할 수 있는 사람이고 필요한 사람이라는 것을 세상에 보여주려고 노력해 왔다. 나는 다른 많은 사람들처럼 스스로 이뤄 낸 스타가 되고 싶었다. 대부분의 지인들은 그런 욕구를 가졌다는 면에서 비슷한 부류였다. 그러나 독립적인 잘 훈련된 우리 모두는 파괴와 위험에 처해 있는 세상에 살고 있다. 서로가 서로를 짓밟는 세상의 모습은 평화와는 거리가 멀다.

서연이는 많은 사람들을 필요로 한다. 의사, 교사, 베이비 시터, 엄마, 아빠, 할아버지, 할머니. 그럼에도 불구하고 막혀버린 서연이의 뇌혈관은 돌아오지 않을 것이다. 연약한 모습 그대로이다. 그러나 딸을 통해서 평화의 공동체가 나타나고 있다. 먼저 내가 변화되고, 가정이 변화되고, 더 큰 공동체가 변화되는 것이다. 평화의 빛이다. 이것은 바로 하나님이 연약한 인간으로 우리 가운데 오셔서, 하나님의 영광을 드러내 보이기로 한 모습과 아주 유사하지 않은가?

서연이는 시간이 지날 수록 이 세상에 속하지 않은 평안에 대한 무언가를 가르쳐주고 있다. 세상은 무한 경쟁, 심각한 사고, 개인적인 권력과 인기 등으로 구성된다. 그러나 이 평안은 단순히 함께 거하며 조화롭게 살아가는 것에 근거를 둔 평안이다.

　서연이는 미스터리한 평화를 품은 아이이다.

5장

하나님께 의지하며

2차 수술

서연이가 1차 수술 받고 집에 있었을 때, 집안 분위기가 참 어두웠다. 아이는 수많은 약을 먹으며 힘들어 하고 있었다.

1차 수술 때 왼쪽 뇌혈관 수술을 했고, 2차로 오른쪽 뇌혈관 수술을 해야 하는데, 서연이가 면역력이 약해져서 자주 감기에 걸려 수술을 위한 입원을 미뤘다.

그러다가 2015년에 메르스가 터졌는데 서연이가 수술을 준비하고 있는 삼성 서울 병원이 메르스 의심 병원이 되었고, 집도의 교수님이 메르스 의심으로 격리 조치되었다. 그래서 서연이의 수술이 한참 동안 다시 연기되었다.

이렇게 기다리다가 9월 말에 수술 날짜를 잡게 되었고, 수술을 하게 되었다.

모야모야의 경우는 한쪽 뇌혈관만 막혀 있더라도 그 쪽도 수술하고 나머지 한 쪽도 수술 한다고 한다.

수술을 오전 7시에 시작했는데, 수술실 앞에서 '마취 후에 아이가 깨어나지 못할 수도 있음'이라는 수술 동의서에 사인하라고 했다. 사인을 하고 밖에서 기다리는데, 장모님이 계셨다. 나의 마음을 알아차리셨는지 나지막한 목소리로 말씀하셨다.

"우리 부모님도 이렇게 우리를 키웠겠죠."

퍼엉! 그 말에 참았던 눈물이 터졌다. 이렇게 자란 내 뒤엔 언제나 부모님의 가슴 졸임과 눈물이 함께였을 것이라 생각하니 눈물이 멈추지 않았다. 흐르는 눈물은 손으로 닦아냈지만, 아……흐르는 콧물은 어찌할 것인가. 주머니에 손을 넣어서 손수건을 꺼내서 닦고 있는데, 자세히 보니 서연이 엉덩이 닦는 수건이었다. 갑자기 서연이 응가 냄새가 나는 것 같아, 정색을 하고 화장실로 뛰어가 코를 풀었다.

서연이는 그렇게 나머지 한쪽도 수술하고 중환자실에 있었다. 나와 아내가 번갈아 가며 아이를 돌보는데 서연이가 고통이 심한지 무표정하고 지친 얼굴로 오직 뽀로로 시청에만 매달려 있었다.

아무것도 모르는 아이가 왜 이렇게 고통을 당해야 하는지 답답한 마음이 들었다.

'서연아. 계속 칭칭 감기는 너의 링거 줄을 밤새 푼다고 아빠는 전혀 잠을 못잤지만 그래도 괜찮아. 이제 검사, 수술 그만하고 집에 가서 함께 놀자 꾸나. 비록 네가 이렇게 아빠 엄마를 놀라게 하고 가슴 졸이게 할지라도, 그 때문에 삶이 서글프더라도 아빠는 노여워하지 않을래. 분명히 퇴원과 회복의 기쁜 날은 오고야 말고, 싱거웠던 병원 밥도 담백한 그리움이 될 테니까.'

그리고 서연이는 퇴원했고, 이후에는 경기도 없었고 잠시 기절하는 증상도 없이 회복의 과정을 지금까지 잘 걸어오고 있다.

소유냐 존재냐

서연이의 치료과정을 지켜보면서 나의 삶을 돌아보는 기회를 가졌다.

나의 과거의 삶 대부분과 나의 가치는 나의 행동에 달려있다고 생각해 왔다. 유치원, 초등학교, 중고등학교, 대학교, 대학원을 다니며 그것은 더 확고해졌다. 졸업장을 받고 학위를 받고, 철없던 시절에 전도사, 강도사, 목사가 되는 것을 출세로 생각했었던 적도 있었다. 다른 모든 사람들처럼 약간의 성공과 명예를 위해 외로운 정상을 향한 분투를 계속해 왔다.

그러나 나는 아파서 느리고 무거운 숨을 쉬는 서연이를 지켜보며 그 여정이 얼마나 폭력적이었는지를 깨닫기 시작했다. 이러한 상향성의 길은 다른 사람들보다 나아지고자 하는 욕망으로 가득차 있었다. 경쟁과 겨룸, 강박 관념과 망상, 의심, 질투, 원한, 복수의 순간들로 얼룩져 있었다. 나는 이런 과정을 사역이라고 불렀지만, 거기에는 깨어짐이 있고 평안이 없었다. 성취하고 보여주고 그것을 통해서 유능함을 증명해야만 하는 온전히 세상적인 방식이었던 것이다. 무엇인가를 해야만 사랑받을 수 있고 계속해서 도전해야 훌륭하게 된다고 내 내면은 끊임없이 말하고 있었던 것이다.

서연이는 아픔으로서, 침묵함으로서 "평안은 본질적으로 행위에 관한 것이 아니고 존재의 문제다"라고 나에게 말해 주었다. 그것은 옳았다. 딸과 함께 있으면서 시간이 지날 수록 전에 알지 못하던 내적인 평안이 생기고 있음을 알 수 있었다. 행동은 덜 하고 가능하면 서연이와 함께 있고 싶은 바람도 느낀다.

딸의 평안은 무엇보다도 존재에 근거를 둔 평안이다. 아팠을 때 서연이는 주사바늘에 묶여 아무것도 할 수 없었다. 삶의 순간마다 다른 이에게 철저히 의존해야 했다. 서연이의 재능은 온전히 부모에게 의존하는 것이었다. 나도 딸을 위해 할 수 있는 최선의 일은 함께 있는 것임을 알게 되었다. 더 이상 아무것도 없다. 그리고 이것이 나에게 큰 기쁨과 평안을 준다는 것이 놀라웠다.

딸의 숨쉬고, 먹고, 조심스럽게 발걸음을 내딛는 모습에 주의를 기울이고, 지켜보며 경탄하는 것. 바로 이것이었다. 나는 단지 서연이와 함께 온전히 있을 뿐이다. 딸이 내게 가르쳐주는 진리는 얼마나 단순한가. 하지만 얼마나 살아내기 힘든 것인가.

"존재란 행위나 소유보다 중요하다"고 딸이 오늘도 온몸으로 외치고 있다.

집짓기는 예술

서연이는 퍼즐 놀이를 즐겨했었다. 그런데 퍼즐이란 것이 높게만 쌓으면 무너지게 되어 있다. 그래서 이런 대화가 반복된다.

퍼즐을 쌓다가 무너지는 소리가 들리면서, 건너편 방에 있는 아빠에게 소리 지른다.

아빠!
왜?
무어져쪄
다시 쌓아.
네!

잠시 후 또 다시(무너지는 소리)

아빠!
왜?
무어져쪄

다시 쌓아.

네!

잠시 후 또 다시(무너지는 소리)

아빠!

왜?

무어져쩌

다시 쌓아.

네!

우리 인생도 이렇게 쌓고 무너지고를 반복하는 것이 아닐까? 쌓는 것을 두려워 할 필요도 없고 무너지는 것을 겁낼 필요도 없다. 그러면서 배우니까.

베드로 대성당을 만들었던 미켈란젤로 같은 천재적 인물은 어떻게 만들어 졌을까? 미켈란젤로는 당시 최고 명문가인 메디치가 출신이라고 한다. 그리고 당시 이탈리아에서 부모들은 아들이 태어나면 라틴어 공부를 열심히 해서 법률가나 정치가 또는 사제가 되기를 바랬다. 그런데 미켈란젤로는 공부에는 관심이 없고, 화가가 되겠다고 한다. 아버지 로도비코는 때리기도 해보고 감언이설을 해서 천한 직업인 화가를 포기하게 하려고 했으나, 그는 고집을 꺾지 않는다. 그리고 집안의 후원으로 13세에 유명한 화가의 도제가 된다.

요즘으로 치면 예술 학교에 입학한 셈인데, 여기서도 미켈란젤로는 금세 싫증을 낸다. 전해오는 얘기에 따르면 그는 지루함을 견디지 못해 스승이 그리던 초상화를 똑같이 베끼고 그걸 원화와 바꿔치기했는데 그의 사부는 그림이 바뀐 줄도 몰랐단다.

미켈란젤로는 3년 만에 작업실을 나와서는 더 이상 그림은 배울 게 없다며 조각을 하겠다고 한다. 미켈란젤로는 조각가로 일을 시작하는데, 그래서 그가 나이 스물 넷 되던 해 만든게, 피에타다.

반면 그의 아버지는 계속해서 미켈란젤로에게 실망이었다.

미켈란젤로는 어떻게 이런 천재가 될 수 있었을까?

첫째, 자신이 즐거워하는 일을 열심히 했다. 당시 성공으로 보던 사제나 법률가 보다는 자신이 즐겁게 할 수 있는 미술을 택한 것이다. 그리고 스승의 재능을 능가할 수 있었을 때, 그는 조각에 열정을 쏟아 부었다.

둘째, 그의 아버지가 뜻을 접었다. 미켈란젤로는 4형제 중 둘째로 태어났다고 한다. 다른 형제들에게 기대하고 미켈란젤로는 포기했던 것이 오히려 행운이 되었다. 그의 아버지는 미켈란젤로가 화가가 될 수 있도록 자신의 뜻을 포기했던 것이다. 어머니는 7살 때 돌아가셨다고 한다.

자기 고집이 세고, 주관이 강한 아이는 크게 될 재목이다. 우리 서연이도 요즘 말을 잘 듣지 않는다. 그럴 때 마다 나는 미켈란젤로를 생각한다. 그리고 외친다.

"미켈란젤로 같은 천재가 되려는 구나!"

우리는 부모가 모든 것을 해주어야 아이가 성공할 수 있다고 생각할 때가 있다. 그러나 가끔은 아이가 원하는 것을 할 수 있도록 해줄 때 더 좋은 기회가 열린다. 엄마 없는 아이도 천재가 될 수 있다.

부모의 말을 잘 듣지 않는 아이. 반항하는 아이. 유치원, 학교에서 주관이 강하다는 소리를 듣는 아이는 큰 인물이 될 재목인 것이다. 서연이도 요즘 말을 잘 듣지 않는 것을 보니 큰 인물이 될 것 같다.

서연이는 흉내쟁이

서연이는 흉내를 잘 낸다. 내가 노트북 하고 있을 때는 자기도 장난감 노트북으로 따라 하고, 내가 책을 읽으면 딸도 따라 책을 보는 흉내를 낸다. 아이들은 흉내 내면서 배우는 것이다.

내가 장난친다고 잠자리체로 서연이를 잡으면, 잠자리 체를 가지고 엄마를 잡는다. 내가 태권도를 한다고 하면 딸도 태권도를 따라 한다.

최근에는 나도 여자랍니다. 엄마의 립스틱으로 입술 주변에 떡칠을 하기도 한다.

서연이가 부모와 주변 사람의 영향을 많이 받는 다는 것을 키우면서 알게 되었다.

나는 요즘 누구를 만나고 있는가? 나는 개인적으로 책을 읽지 사람을 잘 만나지 않는 편이다. 그런데 요즘 드는 생각이 좋은 사람을 많이 만나야 겠다는 것이다.

세상을 바꾸는 시간 15분 강의에 보니 구글 코리아 메니저인 조용민 씨는 채용을 위한 인터뷰 때마다 "당신 자신을 설명해 보세요."라고 질문한다고 한다. 그리고 좋은 답 중에 하나가 "최근에 만난 5사람의 평균

이 바로 당신이다."라고 얘기했다. 좋은 답이라고 생각했다.

  좋은 사람은 좋은 사람들을 만난다. 나쁜 사람은 나쁜 사람들과 어울린다. 그리고 서로 닮아가는 것이다.

  나는 누구를 통해 무엇을 닮아가고 있는가? 서연이가 닮아갈 만한 아빠가 되고 있는가? 나는 하나님을 자주 만나고 있는가? 매일 그분의 인도함을 받고 있는가?

사전을 통째로

서연이는 아직 글을 모르지만 내가 책을 읽으면 옆에 와서 내 책을 꺼내 읽는 흉내를 낸다. 그런데 하루는 내가 보는 영영 사전을 보고 있는 것이다. 아니다 다를까 자기 엄마는 사진을 찍고 프사에 올리고 난리가 났다. 그 때부터 서연이의 별명은 박판사가 되었다. 분명히 공부해서 성공할 거라는 것이다. 판사, 의사 되라는 것이다.

이유남님이 쓰신 『엄마 반성문』을 읽어 보았다. 초등학교 교장 선생님이신데 자녀 둘을 성공시키려고 어려서부터 닦달하셨다. 겉보기에 학교 임원도 하고 성적도 최상위권이었던 아이들은 사춘기 때 큰 반항을 하고 둘 다 학교를 그만두게 된다. 그리고 2년 동안을 각자의 방에서 오락만 하는 폐인의 생활을 하는 것을 지켜보며 자신의 교육관을 반성하게 된다는 얘기였다.

저자는 힘든 과정을 거친 후에 성공을 이렇게 정의하고 있었다. "성=성장하고 공=공감하는 것". 그리고 자녀들에게 감사할 수 있었다고 한다. "네가 건강해서 고마워. 네가 내 아들이고 딸이어서 고마워. 네가 이 세상에 존재해줘서 고마워."라고.

나는 항상 얘기해 왔다. 서연이는 건강하기만 해도 감사하다고. 그런데 공부까지 잘하면 더 좋지 않을까? 키도 크고 얼굴도 예쁘면 더 좋지 않을까? 뭔가 남들에게 자랑할 수 있는 재능이 있으면 좋지 않을까, 이런 욕심이 가끔 생긴다.

그러나 딸의 존재 자체로 감사하고, 오늘도 잘 놀아주어서 감사하고, 아프지 않아서 감사하는, 감사의 고백을 많이 하는 그런 아빠이고 싶다.

의존된 상태

서연이가 수술 받았을 때 주위에서 이루어진 어떤 활동도 서연의 고난을 감소시키지는 못했다. 딸은 완벽한 의존 상태에서 살았다. 철저한 연약함 가운데서 빛과 평안을 발산하며, 다른 사람들 손에 자신을 맡긴 채 운명을 따르는 것 같았다.

서연이의 병은 개인주의, 물질주의, 관능주의가 주도하는 사회에 자신을 빼앗기고 살아가는 나를 비롯한 사람들에게 비판을 가하고 있었다. 딸은 철저히 의존된 상태에서 살아가며 주변 사람들이 사랑의 공동체를 이룰 때에만 온전한 삶을 살 수 있다.

서연이의 가르침은 이와 같다.

"당신들이 사랑으로 나를 둘러싸고 있을 때에만, 곧 당신들이 서로 사랑할 때만 나는 살 수 있습니다. 그렇지 않으면 내 삶은 짐이 될 뿐입니다."

딸은 우리에게 경쟁이 아닌 긍휼만이 인간의 소명을 완수하는 길이라고 믿도록 분명하게 도전했다.

우리는 모두 독립적이기 원하지만 사실은 오랫동안 다른 사람의 결정에 의존한다. 또한 고난이 우리 삶의 진로를 바꿔놓고 결정하기도 한다. 그래서 우리에게는 고난의 시기 동안 우리를 지탱해주고 사명을 성취하도록 도와주는 사랑의 사람들이 필요한 것이다.

서연이가 나에게 준 메시지는 우리가 강할 때는 반드시 사랑을 주고 약할 때는 다른 사람의 사랑을 받으라는 평범하고 관대한 삶의 진리이다.

6장

사랑하며 배우며

서연이의 돌잔치

서연이가 병이 나기 전 우리 부부는 나름, 서연이의 돌잔치를 성대하게? 준비하고 있었다. 첫 아이를 남다르게 생각하는 것은 모든 부모가 똑같을 것이다. 사진은 어디서 찍고, 잔치는 어디서 하고, 선물은 무엇을 준비하고 등등 많은 준비를 했다.

서연이의 태명은 기쁨이었다. 그 때까지만 해도 서연이가 태어나서 건강하게 자라주기만 해도 좋겠다는 생각보다는 얼마나 똑똑할까? 어떤 재능이 있을까? 이런 생각을 더 많이 한 것 같다.

그런데 나름 준비했던 돌잔치는 해보지도 못하고, 병원에서 첫돌을 보내고, 그 때부터 쭉 1년 이상을 병원 신세를 졌다.

그러면서 깨닫게 된 것이 있다. 아이가 건강하게 자라주는 것이 얼마나 행복한 일인가 하는 것이었다. 건강하게 자라만 준다면 다른 것은 다 괜찮은 것이었다.

그리고 1차 수술을 준비하면서 잠시 퇴원했을 때, 서연이 늦은 돌잔치를 치렀다. 누구를 부를 상황이 아니어서 나와 아내, 서연이 이렇게, 세 식구가 함께 한 것이다.

생일 초도 켜고, 비싼 카메라도 빌려 와서 사진도 찍고, 생일 축하 노

래도 불렀다. 생일 축하 노래와 함께,

"너는 시냇가에 심은 나무라. 하나님의 사랑 안에 믿음 뿌리 내리고, 주의 뜻대로 주의 뜻대로 살아 가거라!"

기도하는 마음으로 간절히 불렀다. 그렇게 눈물을 흘리고 돌잔치를 마쳤다.

무늬만 예수님

예전 어느 월요일 어린이 집에서 돌아온 서연이를 픽업했었다. 그런데 버스에서 내리고 빵집에 가자는 것이었다. 집에 간식이 있어서 빵집에 안 가려고 하는데 아이가 떼를 서서, 다 먹지도 않는 빵을 몇 개 사 들고 집으로 향했다. 그런데 이번엔 집 앞에서 절대 들어가지 않겠다고 하며 떼를 쓰는 것이었다. 놀이터에 가자는 것이었다. 아이를 집에 데리고 들어가기 위해 같은 애를 쓰고, 거의 몸부림을 하는 아이를 억지로 들다시피 해서 3층까지 겨우 들어왔다. 그렇게 겨우 안고 들어왔는데 서연이가 말했다.

"아파! 미어!"
"아빠는 서연이가 세상에서 제일 좋다. 최고(엄지 척)"

밤에 서연이 양치를 해줄 때였다. 양치가 하기 싫었는지 아빠의 얼굴을 두 손으로 밀어서 안경이 찌그러지고 땅에 떨어졌다.

"아빠는 서연이가 세상에서 제일 좋다. 최고(엄지 척)"

서연이와 몸으로 장난을 하며 신나게 놀고 있었다. 배꼽을 간지럽히자 자지러지게 좋아한다. 자신이 태권도를 한다며 오른 주먹으로 아빠를 때리려고 했는데 잘 되지 않았다. 그러다가 갑자기 아빠 코를 꼬집으며 손톱으로 상처를 냈다.

"아빠는 서연이가 세상에서 제일 좋다. 최고(엄지 척)"

아이의 행동과 말에 화를 낼까 말까 할 때마다 기도했다.

'주님 화내지 않게 해주시고 섬김의 마음을 주세요.'

어느 날 서연이가 "아파야, 노자."하며 팔을 벌리고 나에게 안겼다. 내가 팔을 활짝 벌리고 함께 안아주었다.

아이에게 화를 내지 않고 양육하는 것은 쉽지 않다. 그러나 화를 내지 않으려고 노력하고 있다. 모든 아빠는 희생과 섬김의 훈련을 하고 있는 것이다. 지금은 무늬만 예수님이지만, 언젠가는 정말 사랑하는 주님의 모습을 닮은 사람이 되고 싶다.

내가 예언하는 능력이 있어 모든 비밀과 모든 지식을 알고 또 산을 옮길 만한 모든 믿음이 있을지라도 사랑이 없으면 내가 아무 것도 아니요(고린도전서 13:2)

야야를 좋아하는 아이

서연이는 수술이후로 쭉 스마트폰을 즐겨 보았다. 스마트폰을 가지고 유투브 동영상을 본다.

스마트폰이 시력이나 두뇌 발달에 좋지 않다는 것을 알고 계속 못 보게 하려고 노력해 보았지만 그 때마다 벽에 부딪히고는 했다. 그 이유 중에 하나는 서연이가 모야모야 때문에 심하게 울면 안 된다는 금기 때문이다.

"야야 죠." 스마트폰을 달라는 얘기다. 추측해 보건데 동영상 중에 야야라는 가사가 나오는 율동을 본적이 있는 것 같다. 그리고 주지 않으면 그 또래 아이들처럼 울기 시작한다. 그래서 폰을 아이 손에 쥐어 주고 마는 것이다.

루소의 『에밀』이라는 책을 보면 '당신의 아이를 비참하게 만들 수 있는 방법이 하나 있는데, 그것은 아이가 원하는 바를 모두 들어주는 것이다'라는 구절이 있다. 나는 아이가 원하는 것을 모두 해주지 않으려고 애쓴다. 뿐만 아니라 내 눈에도 밟히는 예쁜 장난감에서부터 아이 옷, 소품 등 온갖 물건들에게서도 고개를 돌리려 노력한다. 이 세상을 다 뒤져서라도 아이에게 제일 좋은 것을 주고 싶은 마음이 왜 없을까마는 물건에 대한 아이의 욕구와 아이에 대한 사랑을 물건으로 표현하려는 부모의 마음을 경계하겠다는 것이다.

그러나 아이와 울고 웃는 시간은 바로 내 곁에 있다. 그리하여 몸으로 때우는 것만큼은 루소의 충고를 따르지 않기로 했다. 아이를 위해 해줄 수 있는 만큼의 체력과 시간을 최대한 쓰고자 한다.

섬김과 희생이 없는 사랑은 없다. 예수님도 십자가의 섬김을 통해 우리를 구원하셨다. 진정한 사랑은 가장 소중한 것을 주는 것이다. 생명을 주신 주님을 본받아 생명까지라도 주는 사랑을 딸에게 주고 싶다.

시러 조요해

서연이는 소리를 잘 지른다. 그리고 시끄러운 것을 싫어한다. 자기가 소리는 지르면서 시끄러운 것을 싫어하는 모순이다. 나와 아내가 얘기하거나 하면, 와서 우리에게 소리를 지른다.

"시러 조요해."(시끄러워 조용히 해.)

예전에 베이비 시터 선생님과 대화를 할 때도, 얘기가 즐거워진다 싶으면, 서연이가 와서 소리를 친다.

"시러 조요해."(시끄러워 조용히 해.)

자기가 노는데 방해가 되는 모양이다.
자기가 가장 시끄러운데 시끄러운 사람일수록 시끄러운 것을 싫어하는 것 같다.
신앙이 미숙할 수록 자기 자신의 모습을 잘 모른다.

너는 네 눈 속에 있는 들보를 보지 못하면서 어찌하여 형제에게 말하기를 형제여 나로 네 눈 속에 있는 티를 빼게 하라 할 수 있느냐 외식하는 자여 먼저 네 눈 속에서 들보를 빼라 그 후에야 네가 밝히 보고 형제의 눈 속에 있는 티를 빼리라(누가복음 6:42)

내 눈에는 들보가 없는가 돌아본다. 상대방의 잘못을 보기 전에 내 모습을 먼저 돌아보고 상대를 존경할 수 있는 예수님을 닮은 인격이 되고 싶다.

서연이가 좋아하는 아뽀뽀

예전에 서연이는 뽀로로를 아뽀뽀라고 불렀다.

서연이와 같이 하는 시간이 늘어나다 보니, 뽀로로 장남감을 사주는 부모는 많지만 아이와 뽀로로 주제가를 부를 수 있는 부모는 얼마 없다는 것을 알게 되었다.

부모는 돈을 쓸 뿐 아이와 함께 놀 방법은 잘 모른다.

우리도 때로는 바쁘다는 핑계로 하나님께 헌금만 드리고 마음을 드리지 않는다. 예배만 참여하고 주중에는 주님을 떠나 생활한다. 자투리 시간에만 주님을 생각하고 다른 모든 시간에는 온통 세상 일로 가득차 있다. 주님을 온전히 사랑하고 싶다. 주님과 함께 하는 것이 축복이다.

너희는 수송아지 한 마리와 숫양 한 마리와 일 년 되고 흠 없는 숫양 일곱 마리를 여호와께 향기로운 번제로 드릴 것이며 (민수기 29:2)

예배 전에 나의 모습을 되돌아보고 하나님을 경배하는 진정한 예배를 드리고 싶다. 모든 것을 뒤로 하고 아빠 되신 하나님을 만나는 귀한 예배를 드리고 싶다.

7장

소망은
주께 있나이다

모야모야가 모야

모야모야가 모야! 정말 궁금해서 많이 했던 말이다.

쉽게 말하자면 선천적으로 이유를 알 수 없이 뇌로 가는 혈관이 점점 좁아지는 병이다.

아마 옛날에는 이런 병인지도 모르고 많은 아이들이 뇌졸중 등의 후유증을 겪으며, 힘들어 했을 것이다.

요즘 얼마나 모야모야 진단이 많은지 모른다. 서울의 한 대학병원의 예를 들자면, 모야모야 전문 특수 클리닉이 생길 정도이고, 전문의 중에는 모야모야 수술만 1천회 넘게 집도한 선생님들도 계신다. 그렇다면 수술을 받은 누적 인원은 최소한 2만 명이 넘으리라고 생각한다. 그러나 모야모야에 대한 자료는 너무 부족한 형편이다.

나는 개인적으로 아프면 한약을 먹거나 자연치유 요법을 사용하기를 선호한다. 가능하면 병이 나기 전에 미리 예방하려고 노력하고, 음식을 조심하고, 스트레스 관리와 잘 자는 것을 중요시 한다. 의사가 얘기하면 그대로 듣기보다 나름대로 정보를 더 찾아본다.

반면에 우리 아내는 병이 생기면 병원에 가는 것을 선호한다. 할아버지가 유명한 의사셨고 의사에 대한 신뢰가 대단하다. 의사가 시키면 거의 그대로 하는 편이다.

　무엇이 더 좋은지는 잘 모르겠다. 그러나 서연이가 뇌혈관 수술을 거치면서 점점 더 상태가 좋아진 것은 사실이다. 그리고 모야모야 수술은 생각보다 그렇게 어려운 수술은 아니라고 전문가들은 얘기한다. 그리고 진행성이기 때문에 가능하면 빨리 수술을 하는 것이 좋다고 한다. 결과적으로 수술에 대한 두려움을 버리고 가능하면 빨리 수술하는 것이 좋을 것 같다.

　그리고 가능하다면 주치의가 설명을 잘해주고 수술 경험이 많으면 더 좋을 것 같다.

　서연이는 아직도 왼 손과 언어에 후유증이 남아 있다. 왼 손은 경기의 후유증이고 언어는 수술 받는 기간 동안 발달이 늦어 진 것 같다.

　자녀가 경기 중이고, 진단이 확실하다면 빠른 치료가 최선이라고 생각한다.

　그리고 아이가 건강할지라도 꼭 출생과 함께 실비보험에 가입하도록 하자. 특별한 질병에 대한 특약도 추가로 들어두는 것이 좋다.

　서연이는 수술이후에도 건강을 위해 특별히 신경 쓰고 있다. 우선 가능하면 좋은 음식을 먹이려고 하고, 운동을 시키고 있다. 또한, 환절기에 감기 걸리지 않도록 밤에 잘 때 온도와 습도에 신경을 쓰고 있다. 그래서인지 요즘 건강하고 좋은 컨디션을 유지하고 언어도 빠르게 습득하고 있다.

　이 모든 것이 주님의 은혜이다. 괴로운 시간이 지나가고 나서 모든 것이 하나님의 은혜 였습니다. 고백할 수 있게 되기를 바란다.

첫 번째 사랑

딸과 함께 하면서 내가 가지고 있었던 모든 지식들이 쓸모없다는 사실을 자주 알게 되었다. 그래서 아이가 무섭기도 하고 함께 노는 것이 불안하기도 했다. 서연이는 일관성이 없이 나를 대하는 순간순간 거의 매번 나를 다르게 대했다. 하루에도 여러 번 인정받았다가 거부당했고, 더없이 기분 좋게 웃다가도 일순간 소리 내어 울기도 했다. 그런 아이 앞에서 가끔 당황스럽기 그지없었다.

아이와 함께 있을 때는 삶을 맨 처음부터 다시 출발하는 느낌이었다.

나는 젊었고 모든 일들을 훌륭하게 해낼 수 있다고 생각했다. 뭔가 대단한 걸 보여 줄 수 있고, 자신의 능력을 증명할 수 있다고 믿었다.

그러나 서연이 덕분에 꾸밈없는 자아, 일의 성취에 관계없이 편안한 마음으로 사랑을 주고받을 수 있는 그런 자아를 가지게 훈련 되었다. 내가 누구인지 새롭게 발견하게 된 것이다. 깨어지고 상처입고 힘들었던 서연이와 지내면서 나도 참 많이 깨졌다.

그러나 아이와 놀고 있으면 현실의 고민을 잊을 수 있었다. 그 대신 편안한 마음으로 순수하게 우정을 나눌 수 있었다. 성취지향적인 자아를 버릴 수 있게 된 것이다.

하나님께서도 우리가 행하거나 이루어 놓을 일 때문에 우리를 사랑하시는 것이 아니다. 사람 가운데 우리를 창조하시고 구원하셨기 때문에 우리를 사랑하시는 것이다. 사람들의 진정한 근본인 그 사랑을 전하시도록 우리를 선택하셨기 때문에 우리를 사랑하시는 것이다.

내가 서연이를 도울 수 없을 것 같다고 생각했던 적이 많다. 딸이 나를 그다지 좋아하지 않는다고 생각했던 적도 있었다. 아빠로서 칭찬의 소리보다는 비판의 소리가 많았다. 이런 상황 속에서 누가 의기소침하지 않고, 오랫동안 헌신할 수 있단 말인가?

그래서 나는 고뇌하면서 서연이와의 사이에서 첫째 사랑을 발견할 수 있었다. 진부하게 들릴지 모르지만, 자신이 아무 조건이나 제한 없이 사랑을 받고 있다는 것을 아는 사람은 거의 없다. 이런 무조건적인 사람을 요한은 '하나님의 첫 번째 사랑'이라고 불렀다. 그는 우리가 서로 사랑하자고 하면서 "우리가 사랑함은 그가 먼저 우리를 사랑하셨음이라"(요일4:19)고 말했다.

우리에게 의심과 좌절, 분노와 원망을 남기는 사랑은 '사람들이 주는 두 번째 사랑'이다. 이런 사랑은 한계가 있고 깨어지기도 쉽다. 두 번째 사랑 이면에는 항상 거절이나 후퇴, 벌, 심지어 증오까지도 도사리고 있을 수 있다.

세상의 우정과 결혼, 모든 관계는 긴장과 스트레스가 있게 마련이다. 일상생활 이면에는 포기나 배신, 거절, 단절 등의 숱한 상처들이 있다.

하나님의 성육신은 어두움이 없는 첫째 사랑이 구체화된 것이다. 그분의 마음을 안다는 것과 사랑한다는 것은 같은 말이다. 하나님의 사랑을 알고 이 세상을 살아간다면 치유와 화해, 새로운 삶과 희망을 심어

주는 일을 할 수 있다. 또한 현실 지향적이고 권세를 얻어 성공하고자 하는 욕망은 마침내 사라질 것이다.

나는 이런 깨달음을 얻고 난 뒤 현실 지향적이고 욕망에 가득찬 마음을 버리기 위해 하나님의 사랑 안에 거하는 연습을 하고 있다. 기도하고 말씀을 통해 주님의 음성을 듣는다.

기도하면서 하나님의 사랑 안에 거하는 것이다. 특별히 서연이와 놀아주면서 그 분의 임재 안에 거하기 위해, 나를 내려놓기 위해 묵상으로 기도하고 있다. 기도 속에서 하나님과 함께하고 첫 번째 사랑 속에서 딸과 함께 하고 있는 것이다. 변함없는 하나님의 사랑이다.

> 우리가 이같이 너희를 사모하여 하나님의 복음뿐 아니라 우리의 목숨까지도 너희에게 주기를 기뻐함은 너희가 우리의 사랑하는 자 됨이라
> (데살로니가전서 2:8)

하나님의 첫 번째, 근본적인 사랑을 받은 사람은 가족을 죽기까지 사랑할 수 있게 된다.

스티커북 읽어 주기

내가 시간이 날 때마다 서연이에게 그림책을 읽어주기 시작했다. 특별히 성경이야기 스티커 북은 스티커를 붙여 가면서 읽을 수 있기 때문에 서연이가 더 좋아했다.

그러다보니 "우리 서연이도 이제 그림책을 읽어요." 자랑하는 마음이 생겼다. 그런데 시간이 지날수록 알게 된 것이 있다. 그림책은 읽는 책이 아니었다. 경험하는 책이었다. 글자는 그림책의 고작 10퍼센트에 불과했다. 이후 이렇게 말을 바꿨다.

"그림책 읽어줄께"에서 "우리 그림 책 놀이 같이 하자."로.

사실 매일 서연이와 놀아주는 것은 쉽지가 않다. 호기심도 많고 여러 가지 놀이를 다양하게 하고 싶어 한다. 아이는 하루가 다르게 건강하게 자라고 있다.

아이를 키워보니 알겠다. 아이가 잠들어 있을 때 아이가 건강하게 밥을 먹을 때 그 기쁨은 너무나 크다. 모든 부모들은 자녀라는 예술 작품을 빚어내는 장인이다. 생명이라는 예술 작품을 빚어내는 장인이다. 오늘도 장인의 숨결 아래서 서연이는 건강하게 자라고 있다.

내가 달려갈 길과 주 예수께 받은 사명 곧 하나님의 은혜의 복음을 증언하는 일을 마치려 함에는 나의 생명조차 조금도 귀한 것으로 여기지 아니하노라(사도행전 20:24)

자녀 키우는 장인이 되는 것은 모든 아빠들에게 주어진 사명이다. 귀한 사명을 주신 하나님께 감사한다.

아빠, 엄마 힘내용

예전에 서연이가 어린이집에서 가끔 무언가를 들고 와서 자랑을 했었다. 어버이날에 들고 온 엄마 아빠 힘내용 드링크는 참 재미있었다.

어린이집 선생님들이 서연이 사진을 캡쳐 해서 귀엽게 만들도, 재미있는 문구들을 넣어서 부모님들께 보낸 것이다.

제품 성분은 엄마, 아빠를 사랑하는 마음, 사르르 녹는 애교 등이 기록되어 있었다. 회사 이름은 아이 트라움, 어린이 집 이름으로 되어 있었다. 이걸 받고 나니, 웃음도 나오고 재밌고, 마음도 기쁘고, 어린이집 선생님들과 서연이에게 감사하게 되었다.

아내가 한번 보더니 쓰레기통에 버릴 려는 것을 내가 억지로 잡아 영구 보관하기로 했다.

자녀를 키우는 것은 이렇게 작은 일로 인한, 큰 기쁨이 있는 것 같다. 얼마 전 어느 칼럼에서 본 이야기다.

"우린 부모와 아이의 관계를 말할 때 '내리 사랑'이라는 말을 씁니다. 부모가 아이를 사랑하는 마음이 아이가 부모를 사랑하는 마음보다 훨씬 더 크다고. 과연 그럴까요? 어른의 사랑은 너무 계산적이고 이

기적이지 않나요? 우리가 아이를 사랑할 때는 항상 무언가 조건이 붙고 무언가를 대가로 바라죠. 하지만 아기가 어린 시절 부모를 바라 보는 그 눈빛 속의 사랑, 그건 순수와 무조건적인 숭배, 그 자체죠. 저는 평생을 노력해도 부모로서 아이에게 받은 사랑을 갚을 수가 없는 것 같아요.

그래서 저는 아이에게 그런 말을 해요. 너를 낳고 기르면서 난 평생 정말 행복했단다. 너도 나중에 커서 어른이 되면 꼭 너 같은 아이를 얻기 바란다. 그래서 내가 받은 이 사랑과 행복을 느껴보기를."

나도 어렸을 때 같은 말을 들었는데 상황은 반대였다.

"너도 나중에 크면 꼭 너 같은 애 낳기를 바란다. 그래서 너도 한번 똑같이 당해봐라."

난 어려서 정말 사고뭉치였나 보다. 난 그 말이 참 싫었다. 그래서 어른이 된 지금 내가 아이를 키우며 부모님께 죄송하다고 느낄까? 자신의 뜻대로 되지 않는 아이 때문에 늘 마음고생을 많이 하셨다는 사실이 안타깝다.

아이 때문에 괴로워하는 부모라면 한번 솔직하게 다시 한 번 그 괴로움을 들여다보면 좋겠다. 그게 진짜 아이의 문제인지, 아니면 자신의 욕심이 아이에게 투영된 문제인지. 그리고 제발 함부로 아이를 저주하지 말았으면 좋겠다. 아이보다 갑절의 인생을 산 어른이 아이와 실랑이 끝에 내뱉는 말이 "너도 나중에 너 같은 애 낳아봐라."는 아니지 않는가. 요즘 저 출산이 심각한 사회 문제다. 아이를 기르는 일이 정신적 고통이고 경제적 부담이라고 느끼는 건, 어린 시절 귀에 못이 박히도록 들은 부모의 저주 탓이 아닐까?

아버지로서 감히 말하자면 육아는 정말 축복이다. 아이가 태어나 부모를 바라보는 시선, 그 속에 담긴 사랑은 부모가 평생을 노력해도 다 갚을 수 없다.

그래서 내 옆에는 항상 가족사진이 있다.

가족사진 옆에는 딸이 준 '힘내용 드링크'가 있다.

서연이를 보며 늘 생각한다. 과연 나는 이 아이에게 받은 사랑을 평생 다 갚을 수 있을까? 자신이 없다. 그래서 나도 그 같은 소원을 빈다.

'서연아, 너도 훗날 꼭 너 같은 딸을 얻어서

아빠가 느끼는 지금 이 행복을 똑같이 느껴보기를 바란다.'

하나님께서도 우리 모습을 보며 기뻐하시지 않을까? 하나님의 자녀로 건강하게 자라면서 하나님을 많이 기쁘시게 해드리고 싶다.

> 마치 청년이 처녀와 결혼함 같이 네 아들들이 너를 취하겠고 신랑이 신부를 기뻐함 같이 네 하나님이 너를 기뻐하시리라 (이사야 62:5)

듣지 못했던 말들

나는 우리 딸이 모야모야로 진단 받고 수술실에 들어가던 날을 어제처럼 생생하게 기억한다. 그날을 회상할 때면, 의사의 목소리와 억양, 진료실의 침묵, '불치' '유감입니다.' 등의 단어들이 아직도 내 가슴을 찌른다.

아이를 모야모야로 진단할 때 누군가는 이와 관련해 알아야 할 것들을 함께 이야기해 주었어야 한다고 나는 수없이 생각했다.

딸이 부정확한 발음으로 어눌하게 말할지라도 마치 대통령이 연설하는 것처럼 귀 기울여야 한다고 아무도 내게 얘기해 주지 않았다. 한 단어의 가치가 얼마나 중요한지 상상할 수 없을 정도라고…….

딸이 다섯 살이 되어 간신히 대소변이 마렵다고 기저귀를 가져올 수 있게 되었을 때 이 일이 얼마나 의미 있는가를 이해하는 사람은 없었으며, 이 기쁨을 함께 나눌 이도 거의 없었다. 크건 작건 내 딸이 성취한 일은 내가 발견한 진정한 가치이며, 나와 딸이 둘이서 매우 축하할 일이었다.

모야모야는 상당한 비용이 든다고 누군가는 말해 주었어야 했다. 병원, 언어치료, 투약, 세미나, 놀이치료 도구 등은 단지 빙산의 일각일

뿐이다.

  모야모야가 있는 아동들도 포옹을 좋아하고, 친구들과 포옹을 하기도 하며, 내가 딸을 처음 안았을 때 느낀 기쁨은 말로 표현 할 수 없을 정도라고, 누군가는 내게 말해 주었어야 했다.

  그러나 딸에게 모야모야가 있다고 진단받던 날 누군가는 잊어버리고 내게 해 주지 않은 중요한 이야기들이 있다. 연약함을 극복하는 눈물이 승리보다 소중하고, 가끔 있는 웃음이 상실감을 완화시켜주며, 내 딸의 어려움이 없었다면 만나지 못했을 좋은 사람들을 만나게 되었고, 아버지와 같이 완고한 분도 딸의 사랑에 마음을 연다는 것을 발견하게 되었다.

  그리고 나를 비롯한 수많은 부모가 기진맥진하여 매일 밤 쓰러져 자더라도 내일은 새로운 날이 될 것이라는 믿음을 가지고 다시 일어나게 된다는 것을······.

    주여 이제 내가 무엇을 바라리요 나의 소망은 주께 있나이다(시편 39:7)

나가는 글

존 번연의 "천로역정"에서 천국을 향해 대 모험을 펼치는 주인공 크리스천이 마지막으로 간 모험의 장소는 의심의 성이었다. 절망의 거인이 다스리는 그 성에서 크리스천은 갇히고 고난을 받지만 기도하며 주께 매달리니 약속이라는 열쇠를 찾아내 의심의 성을 탈출할 수 있었다.

서연이가 아팠을 때는 그 시간이 과연 지나갈까 생각했던 적이 많았다. 힘들고 아픈 순간들이 다시 오기를 바라지 않지만, 그 순간이 다시 온다고 해도 웃으며 보낼 수 있을 것 같다. 왜냐하면 모든 부모들은 믿음이 있기 때문이다. 자녀에 대한 믿음, 세상의 모든 자녀들은 하나님의 귀한 자녀라는 믿음이다. 모든 힘든 과정을 통과하는 사람들에게 꼭 필요한 것은 믿음이라는 열쇠이다.

> 그리스도 예수 안에서는 할례나 무할례나 효력이 없으되 사랑으로써 역사하는 믿음뿐이니라 (갈라디아서 5:6)

오늘은 서연이가 학교에 다녀와서 학교에서 발표를 잘했다고 자랑을 했다. 그리고 연습하고 있는 우쿨렐레 연주를 직접 보여주었다. 참으로 기쁜 일이다. 아이가 나름 건강해져서 다른 아이들과 잘 어울리고, 학교에 잘 다니고 있다는 사실이.

서연이는 갈수록 비온 뒤 피어나는 싱그러운 꽃처럼 피어나고 있다. 주변 사람들이 해맑은 서연이의 웃음에 기뻐할 때마다, 나는 감동 받곤 한다. 그리고 그렇게 서로의 모습을 기뻐하는 것이 하나님이 축복하시는 삶인 것 같다.

아이를 키울수록 느끼는 것은 아이가 없었다면 배울 기회도 없었겠구나 하는 것이다. 아이를 키우면서 이기적인 내 자신을 보게 되고, 사랑이 부족한 내 자신을 알게 되었다.

감사하는 마음이란 것이 억지로 만들어지지 않는다는 것을 우리는 잘 안다. 어쩌면 아이가 죽음의 강을 몇 번이나 넘나드는 모습을 곁에서 지켜보면서 겪었던 끔찍한 고통 때문에 우리가 작은 일에도 감사하고 행복해 할 수 있는 것인지도 모른다. 하지만 그 무엇보다 우리를 강하게 만드는 것은 함께 웃는 웃음이다.

모진 풍파를 헤쳐 나온 사람은 여유가 있다고 한다. 죽음과 늘 함께 하는 생활 속에서 우리는 헛된 꿈을 꾸기 보다는 지금에 만족하고, 작은 일에 감사하는 법을 배웠다. 아이의 행동 하나하나에 웃고 울면서 여기까지 왔고, 이전보다 더한 날들이 펼쳐질 수도 있음을 모르지 않는다. 그러니 더욱 우리가 할 수 있는 일은 지금에 충실하는 것 말고는 없다.

힘든 시간을 보내고 나서도 환한 웃음을 보이는 아이를 두고서 다른 생각은 가질 수 없다.

아이를 키우면 삶의 넓이가 줄어들지만, 삶의 깊이는 더해진다.

우리는 아이가 혼자의 힘으로 헤치고 나갈 세상 속에서 지켜보며 손을 잡아주고자 한다. 살아가는 동안 아이는 더 멋진 세상을 위해, 더 가치 있는 삶을 위해 자신을 키워나갈 것이고, 우리는 그 삶을 지켜주기 위해 더 많은 노력을 기울여나갈 것이다.

누구 얘기처럼 아이와 부모는 함께 자라가는 것이다.

서연이에게 도움을 주셨던 많은 분들께 감사드린다. 나와 서연이도 언젠가 사랑과 은혜를 되갚을 날이 있으리라 믿는다.

> 이르시되 너희 믿음이 작은 까닭이니라. 진실로 너희에게 이르노니 만일 너희에게 믿음이 겨자씨 한 알 만큼만 있어도 이 산을 명하여 여기서 저기로 옮겨지라 하면 옮겨질 것이요 또 너희가 못할 것이 없으리라(마태복음 17:20)

참고도서

·

잭 캔필드와 마크 빅터 한센
『영혼을 위한 닭고기 스프』

이유남
『엄마 반성문』

헨리 나우웬
『아담』

홍성원
『내 새끼손가락 아들』

2016.03.23. 조선일보 기사